Michel André

Réponses chrétiennes à quelques questions - Tome 3

Michel André

Réponses chrétiennes à quelques questions - Tome 3

L'homme en relation avec Dieu et avec les autres

Éditions Croix du Salut

Impressum / Mentions légales
Bibliografische Information der Deutschen Nationalbibliothek: Die Deutsche Nationalbibliothek verzeichnet diese Publikation in der Deutschen Nationalbibliografie; detaillierte bibliografische Daten sind im Internet über http://dnb.d-nb.de abrufbar.
Alle in diesem Buch genannten Marken und Produktnamen unterliegen warenzeichen-, marken- oder patentrechtlichem Schutz bzw. sind Warenzeichen oder eingetragene Warenzeichen der jeweiligen Inhaber. Die Wiedergabe von Marken, Produktnamen, Gebrauchsnamen, Handelsnamen, Warenbezeichnungen u.s.w. in diesem Werk berechtigt auch ohne besondere Kennzeichnung nicht zu der Annahme, dass solche Namen im Sinne der Warenzeichen- und Markenschutzgesetzgebung als frei zu betrachten wären und daher von jedermann benutzt werden dürften.

Information bibliographique publiée par la Deutsche Nationalbibliothek: La Deutsche Nationalbibliothek inscrit cette publication à la Deutsche Nationalbibliografie; des données bibliographiques détaillées sont disponibles sur internet à l'adresse http://dnb.d-nb.de.
Toutes marques et noms de produits mentionnés dans ce livre demeurent sous la protection des marques, des marques déposées et des brevets, et sont des marques ou des marques déposées de leurs détenteurs respectifs. L'utilisation des marques, noms de produits, noms communs, noms commerciaux, descriptions de produits, etc, même sans qu'ils soient mentionnés de façon particulière dans ce livre ne signifie en aucune façon que ces noms peuvent être utilisés sans restriction à l'égard de la législation pour la protection des marques et des marques déposées et pourraient donc être utilisés par quiconque.

Coverbild / Photo de couverture: www.ingimage.com

Verlag / Editeur:
Éditions Croix du Salut
ist ein Imprint der / est une marque déposée de
OmniScriptum GmbH & Co. KG
Bahnhofstraße 28, 66111 Saarbrücken, Deutschland / Allemagne
Email: info@editions-croix.com

Herstellung: siehe letzte Seite /
Impression: voir la dernière page
ISBN: 978-3-8416-9884-1

Copyright / Droit d'auteur © 2013 OmniScriptum GmbH & Co. KG
Alle Rechte vorbehalten. / Tous droits réservés. Saarbrücken 2013

REPONSES CHRETIENNES A QUELQUES QUESTIONS

TOME 3

L'HOMME EN RELATION AVEC DIEU ET LES AUTRES

TABLE DES MATIERES

Chap. 1 : LA SOLIDARITE : ....P. 7

Quelle relation avec l'amour
Solidarité et individualisme

Chap. 2 : L'AUTORITE : ....P. 13

Quelle est son origine? Quelles sont ses modalités?
Quel lien avec l'obéissance ?
Sur quoi porte l'autorité ?

Chap. 3 : AUTORITE DANS LA FAMILLE :.... ....P. 24

Quelle répartition des responsabilités ?
Berger et prophète
Qu'est-ce que la soumission "les uns aux autres" et le rôle essentiel de l'amour ?

Chap.4 : EGLISE ET AUTORITE :................. ....P. 27

L'autorité du Christ: son origine, sa transmission?
Qui détient l'autorité et pour quoi?
Le principe de subsidiarité
Autorité et conscience individuelle
Nécessité et limites de l'autorité dans l'Eglise et de celle de l'Eglise dans le monde.

Chap. 5 : LA SEXUALITE : ....P. 38

Quelle origine, quel rôle dans le Plan de Dieu ?
Sexualité et génitalité : quelle différence?
Propriétaires ou gérants de notre sexualité?
Que sont vraiment la pureté et la chasteté ?
La sublimation …c'est pour tout le monde!

Chap. 6 : DERIVES DU SENTIMENT DE CULPABILITE/ INDIGNITE
....P.46

Origine, modalités, incidence, remèdes
Les différentes dérives :
Légalisme, perfectionnisme, scrupules, remord.

Chap. 7 : LE PARDON :..P.58

Quelle importance a le pardon dans le Plan de Dieu ?
Qu'est-ce que les blessures ?
Quelle conversion exige le pardon?
Qu'est-ce que la "réconciliation" ? la transparence ?
Quelles sont les deux entrées de la miséricorde ?
Le pardon à demander
Le pardon à donner
Quelle est la véritable "réparation"?

Chap. 8 : ENVIE ET JALOUSIE : P.77

Quelle différence: d'origine, de nature, de gravité?
En quoi sont-elles des obstacles au Plan de Dieu?

INTRODUCTION

Les Tomes 1 et 2 ont traité de la relation de l'homme avec lui-même et avec Dieu. Nous avons vu comment l'essentiel de cette relation était basé sur l'amour. Il nous a donc fallu définir ce dernier et constater le **lien étroit entre l'amour de Dieu, de soi et des autres**. C'est ce que va nous confirmer l'étude de **notre relation « aux autres »**, abordée dans ce tome 3.

L'amour est le socle sur lequel doivent s'établir nos relations avec les autres.
C'est bien ce que déclare le Christ dans sa réponse au légiste concernant le **commandement essentiel en vue du bonheur éternel** (Luc 10, 27):
"…tu aimeras la Seigneur ton Dieu de tout ton cœur, de toute ton âme, de toute ta force et de toute ta pensée… et ton prochain comme toi-même".
Le Christ est catégorique : Certes, notre amour doit se porter d'abord sur la **source de l'amour**, c'est-à-dire Dieu! Sinon, nous serions incapables d'aimer notre prochain comme nous nous aimons nous-même.
Mais l'accomplissement du "commandement essentiel" exige **d'établir sur l'amour notre relation aux autres!**

Durant notre séjour sur terre, nous avons **à progresser en amour par le biais de notre relation à Dieu et aux autres. Si tel est bien notre cas, alors,** après la mort, comme nous l'avons vu à la fin du Tome 2, cette dynamique se poursuivra, dans le Royaume, par une croissance continue en amour. Encore faut-il que nous ayons choisi l'amour comme sens à notre vie et que nous l'ayons pratiqué concrètement dans nos relations.
C'est cette relation aux autres, préparation au bonheur éternel, que ce Tome 3 se propose d'approfondir

Et d'abord, en regardant comment se manifeste dans notre vie cet **amour indispensable du prochain?**
Est-ce dans ce qu'on appelle **la solidarité**? Et celle-ci est-elle vraiment en lien avec l'amour?
La nature et l'importance de cette solidarité ne sont pas vues de la même façon selon les civilisations, les époques, les différents groupes humains.
Actuellement, c'est un fait que, dans la "civilisation occidentale moderne", la solidarité est invoquée en permanence alors que les raisons mêmes de son existence sont de moins en moins évidentes pour beaucoup!

Ensuite, nous aborderons l'influence de **l'autorité** et de son corollaire, **l'obéissance**, sur nos relations avec les autres en général et dans certains cadres particuliers : celui de la famille et celui de l'Eglise. L'autorité et son corollaire, l'obéissance, jouent indubitablement un grand rôle dans notre croissance en amour vers le Royaume.
En effet, l'« autorité » est normalement **vouée à l'accomplissement du Bien.**

C'est donc sur ce critère que doit être jugée toute autorité!

On verra ensuite la **sexualité**, en tant que réalité incontournable dans les relations humaines, et surtout le rôle essentiel que Dieu, lui attribue pour notre croissance en amour, dans son Plan sur l'humanité.

Toujours à propos de notre relation aux autres, nous verrons comment elles peuvent être très perturbées par **les dérives de ce fameux "sentiment de culpabilité/indignité"** étudié, dans le tome 1!

Nous constaterons ensuite **à quel point le pardon est nécessaire dans notre relation à Dieu et aux autres**, du fait de son lien avec l'amour.

Enfin, nous verrons ce que sont **l'envie et la jalousie** et en quoi elles font obstacle au Plan de Dieu.

CHAPITRE 1

LA SOLIDARITE

QUESTION: Qu'est-ce que la solidarité? Comment la comprennent ceux qui nous incitent à toujours plus de solidarité et nous culpabilisent... en se parant eux-mêmes de toutes les vertus de cette solidarité-miracle?

REPONSE: Le Larousse nous dit que la solidarité est "**dépendance mutuelle entre les hommes**" et aussi "**ce qui pousse les hommes à s'entraider!**"
C'est donc d'abord un constat de dépendance de fait, entre les hommes. Mais c'est aussi l'évocation **de ce qui les pousse à réaliser au mieux cette dépendance**. Or, derrière la bonne et respectueuse façade de la solidarité, derrière ses motivations peuvent se cacher du moins bon et même du mauvais.

*QUESTION : **La solidarité vient-elle de l'amour?** Peut-il y avoir opposition entre les deux ou, au contraire, convergence?*

REPONSE: Si la façon de concevoir la "création" est agnostique ou athée, **l'amour** (cf "Réponses chrétiennes à quelques questions" Tome 2, chap.2), tel que défini dans sa conception chrétienne, n'a rien à voir avec cette "création". Les relations entre les humains, selon ce point de vue, procèdent, dés lors, de mécanismes biologiques, psychologiques, dans un déterminisme **matérialiste** excluant cet amour. **La dépendance entre les hommes, qu'on nomme solidarité**, n'a rien à voir, non plus, avec l'amour.
Si, au contraire, la création est l'œuvre de la volonté divine d'un créateur et que ce créateur, comme le conçoit le christianisme, agit par amour et pour l'amour, il en va tout autrement!
Cette dépendance mutuelle entre les hommes, qu' est la "solidarité", vient alors de la Source de l'amour, qui est Dieu et qui les pousse à s'entraider.

QUESTION : De quoi dépend, en fait, la convergence ou la divergence entre amour et solidarité?

REPONSE: Cela dépend, en premier, comme on vient de le voir, de la présence de la foi ou de son absence. Mais d'autres facteurs entrent en jeu. Ainsi, la proximité ou la distance entre les individus!

ROLE DE LA DISTANCE ENTRE LES INDIVIDUS

Vis-à-vis de ceux qui lui sont très proches, l'être humain a une tendance "naturelle" à l'entraide. Ce caractère "naturel" est évident, par exemple, dans les soins et attentions donnés par la mère à son enfant, ou par un conjoint à l'autre conjoint etc…!
Le lien peut donc être très fort et "naturel" entre solidarité et amour dans la proximité de la famille nucléaire !

Quand la proximité devient moindre, avec la proche parenté par exemple, la solidarité est, normalement, encore très marquée par l'amour. Mais ce n'est pas toujours le cas, surtout en ce qui concerne les relations de l'un des conjoints avec les parents et la famille de l'autre!

Ensuite, plus on s'écarte de la "famille", ou des groupes humains dans lesquels se nouent d'importantes affinités (par exemple les habitants d'un même quartier, d'un même village, d'une même nation) et plus **l'amour se raréfie dans une solidarité qui s'exerce pour d'autres motifs que lui.**

Ainsi en va-t-il de la solidarité de clan, professionnelle, politique, culturelle, religieuse et jusqu'à la solidarité dans les "gangs"!

C'est alors que peuvent apparaître des motifs de solidarité basés sur **une communauté d'intérêts sans lien avec l'amour**, voir opposés à lui quand le groupe agit au détriment des autres groupes, **en les exploitant par exemple, voir en les détruisant!** C'est ce que l'on constate dans les conflits (véritables guerres), entre ethnies et nations.
Une telle solidarité est devenue instrument du Mal, adversaire de l'amour!

QUESTION : Qu'est-ce qui favorise une telle dissociation entre amour et solidarité?

REPONSE : Certainement de nombreux facteurs dont l'un est actuellement en expansion: **L'individualisme.**

Dans le domaine des relations inter humaines, **l'individualisme** représente une polarisation sur lui-même de chaque individu, avec **blocage de l'ouverture aux autres** dés que cette ouverture n'est pas à l'avantage exclusif ou principal de l'individu en question! Dés lors, l'amour est pratiquement exclu de la relation! L'individualisme peut s'introduire dans la famille et d'abord dans le couple, sous couvert d'un amour illusoire masquant un égoïsme larvé et destructeur. Même l'intérêt manifesté pour l'enfant peut ne concerner qu'un enfant conforme à la programmation décidée selon le désir parental. Mais l'enfant ainsi "formaté" doit le plus souvent alors, répondre à des critères opposés à un amour sincère. S'il ne correspond pas, il peut alors être éliminé purement et simplement.

Ensuite, autour de la famille nucléaire, dans la relation de celle-ci avec la parenté alentour, **l'individualisme** réduit de plus en plus la part de l'amour et augmente celle d'une solidarité "utilitaire".

Quand on s'éloigne encore plus du couple et de la famille nucléaire, on remarque le plus souvent des réactions paradoxales (en apparence) :

> - Un intérêt grandissant pour les causes humanitaires "lointaines", c'est-à-dire sans incidence directe sur soi. Cela débouche sur des manifestations de solidarité réelles, d'une efficacité pratique notable, mais le plus souvent discontinues, ponctuelles et **qui n'engagent pas en profondeur.**
> - En même temps, **paradoxalement**, on constate souvent un affaiblissement de l'intérêt porté à ceux qui sont auprès. On les côtoie chaque jour, de façon neutre, voir indifférente. On se donne de plus en plus bonne conscience, en confiant le soin de la solidarité avec les proches à un personnel spécialisé, délégué à cette fin par l'état-providence, mais qui, malgré toute sa compétence et sa bonne volonté ne peut répondre à l'attente d'amour de ces proches. C'est dire que dans ces conditions et **dans ce type de solidarité**, l'amour est de plus en plus absent et son attente insatisfaite !
> La poussée de **l'individualisme** a une responsabilité dans cette situation paradoxale, par le biais de son influence négative sur l'amour!

La solidarité qui se détache de l'amour peut même revêtir des aspects étranges:

Ainsi, certains élargissent le cercle de leur **solidarité au-delà du genre humain**. Cela peut avoir un côté très positif, s'il s'agit de respecter et protéger la création, la nature. Mais cela devient exagéré et même dangereux quand la solidarité joue d'avantage au profit des crocodiles, requins, anacondas et autres bêtes sympathiques… plus qu' au bénéfice des humains et, particulièrement, des plus faibles (tels que "les enfants à naître"). Encore heureux quand le but réel, à peine camouflé, d'une "fausse écologie" ne devient pas, carrément, la suppression programmée de l'humanité dont la "prolifération dangereuse" menace les espèces animales" plus intéressantes".

Les craintes exprimées ci-dessus peuvent, à première vue, sembler outrancières, mais les idées farfelues concernant le Bien et le Mal, la détérioration de la conscience morale et la soumission à la "pensée unique" n'ont pas de limites!

QUESTION : Comment se présentent les exemples de solidarité liée à l'amour?

REPONSE : La Bible, dans le « Premier Testament » nous offre un magnifique exemple de solidarité dans l'amour (Gn 18, 22-33) :

EXEMPLES DE SOLIDARITE DANS L'AMOUR

Abraham, par sa confiance totale mise en Dieu (c'est-à-dire la foi), est devenu « juste ». Dieu, dans l'intimité duquel il est entré désormais, lui révèle le sort qu'il réserve à Sodome dont la population, elle, a refusé l'autorité de Dieu en matière de détermination du Bien et du Mal, déclarant Mal ce que Dieu avait fixé comme Bien et vice versa. Dieu a donc décidé d'éradiquer cette « opposition » à son Plan de bonheur (par l'amour), pour l'humanité.

Cela ne signifie pas qu'au « jugement » il n'y aura aucune miséricorde pour les habitants de Sodome! Jésus a dit en effet le contraire lorsque, affronté à « l'opposition » des juifs de Capharnaüm, il a déclaré que leur péché (l'opposition au Plan de Dieu !), méritait moins d'indulgence que celui de Sodome! (Mt, 11, 23-24).

Pour éviter aux habitants de Sodome ce qu'Abraham interprète comme une punition, plus que comme une épreuve destinée à stopper une vision fausse du Bien et du Mal, il s'adresse à Dieu et fait appel à sa justice. Celle-ci, lui dit-il, est incompatible avec le traitement des justes sur le même pied que celui des pécheurs. Ce faisant, **il n'hésite pas à placer les « justes », dont il fait partie, sur le même plan que les « pécheurs », par rapport à la miséricorde de Dieu**, en pleine solidarité, donc, avec eux ! C'est bien, là, une véritable solidarité **« par amour »** la solidarité avec les "pécheurs"! Cette solidarité d'Abraham annonce déjà celle de Jésus qui n'hésitera pas à s'asseoir à la table des pécheurs que sont tous ces publicains, amis de Matthieu qu'il vient d'appeler à le suivre (Mt 9, 9-13).

Comme Abraham, Moïse nous montre "la véritable solidarité par amour" quand il intercède auprès de Dieu en faveur des hébreux après qu'ils aient adoré le veau d'or (Dt 9, 25-29)!

Mais surtout, Jésus nous a montré comment **la solidarité et l'amour** pouvaient être **totalement unis, en sa personne**, pour la pleine réalisation du Plan de Dieu sur l'humanité. Il nous a montré ce qu'est la solidarité de Dieu envers les hommes en allant jusqu'à la croix!

LA SOLIDARITE DE DIEU ENVERS LES HOMMES

C'est l'exemple parfait de la solidarité dans l'amour!
Dieu a créé l'humanité pour partager avec elle son propre bonheur, celui de la relation éternelle **d'amour infini qui existe, en Dieu, entre le Père, le Fils et l'Esprit.**

Mais ce Plan de bonheur pour l'humanité, les hommes ont commencé par le rejeter. C'est ce que nous dit la Bible dans le récit de la « chute » d'Adam et Eve (Gn 3).

Pour sauver les hommes, Dieu-Trinité a élaboré un Plan de « rattrapage » : le Fils, Verbe de Dieu, s'est incarné dans l'humanité en y prenant corps et s'est **ainsi solidarisé avec les hommes.** Par son sacrifice, il a réalisé le salut offert à tous les hommes : c'est la « rédemption ».

Ainsi, **la rédemption a été accomplie par le Christ en solidarité d'amour totale du Verbe fait homme avec toute l'humanité.** C'est cela l'offre de salut faite par Dieu, dans sa miséricorde, à toute l'humanité. La solidarité de Dieu envers les hommes procède de son amour pour eux et s'exprime par **le pardon de leur refus d'amour.**

Le Christ nous a donné de multiples preuves de sa solidarité, par amour, envers les hommes :

- par l'accomplissement des rites de base de la Loi, (lors de la présentation au Temple) (Lc 2, 22-40)
- par la prise en charge de tous les péchés des hommes lors du baptême au Jourdain (Lc 3, 21-22) (Mt 3, 13-15)
- par son sacrifice rédempteur sur la croix (Jn 19, 30)…..

Ainsi donc se manifeste le lien entre la solidarité de Dieu envers les hommes et le pardon qu'il leur offre (et qui sera étudié plus loin)!

LA SOLIDARITE SANS AMOUR

Cette dépendance mutuelle qui pousse à s'entraider, si elle ne procède pas de l'amour, est alors suscitée par la défense d'intérêts communs, voir de privilèges, **au détriment, si besoin, des intérêts légitimes des autres.** Elle va donc susciter des oppositions, des conflits. De plus, étant sans lien avec l'amour, elle ne peut déboucher sur la miséricorde.

Par contre elle montre une indulgence coupable pour ceux qui défendent les mêmes intérêts et une sévérité excessive pour ceux qui osent se mettre en travers ! L'agressivité y est toujours présente, parfois camouflée sous des dehors altruistes.
Ce genre de solidarité, répandu actuellement dans notre société occidentale, devient de plus en plus sévère, en particulier, vis-à-vis des erreurs, et manquements des autres.

Elle entraîne jugement et condamnation, exigeant la détection sévère des moindres culpabilités (des autres!).

Cette attitude tranche par rapport à celle qui prévalait jusqu'au milieu du 20eme siècle. Les hommes d'alors, en général, reconnaissaient plus volontiers leurs « péchés » et **la nécessité d'être pardonnés.** Ils éprouvaient, de ce fait, d'avantage

de miséricorde pour les autres. **Ils admettaient donc une solidarité vis-à-vis de ceux qui péchaient eux aussi.**
Les citoyens, de nos jours, **jugent, critiquent, condamnent**, volontiers **sans miséricorde**. Il semble même y avoir une frénésie d'accusation dans le but de se dédouaner soi-même en accusant et enfonçant les autres.
On constate une certaine jouissance dans l'étalage, par les médias, de toutes les turpitudes décelables dans notre société!

On constate un accueil favorable de toute banalisation du « mal », transformé en « bien » dans une **vision fausse** de la liberté, confondue avec la licence, et de la tolérance, confondue avec l'indulgence pour le mal. Ceci parce qu'ainsi les individus se sentent innocentés et la notion de "péché" mise au rancart.
Dans tout ce qui précède apparaissent clairement ces deux menaces pour l'amour que sont :

- **L'individualisme exacerbé**
- **La prééminence de la solidarité sans amour.**

L'une et l'autre entraînent une insatisfaction du besoin fondamental de tout homme d'être aimé et d'aimer !

De cette réflexion sur la solidarité, nous pouvons déjà tirer deux conclusions :

A)- Nous devons rester vigilants envers toute solidarité où l'intérêt supplante l'amour. Et cela même quand ce serait « pour la bonne cause ». Nous ne devons pas nous solidariser avec le mal. Mais vis-à-vis des personnes, nous avons à faire jouer la solidarité qui procède de l'amour et va jusqu'à la miséricorde, mais sans naïveté!

B)- Seconde conclusion :
Dans l'Eglise, après une période où l'accent a été mis sur le péché, malheureusement avec plus d'insistance, parfois, que sur l'amour de Dieu, peut-être, le « pendule » est, depuis, parti de l'autre côté de façon excessive et la bonté même de Dieu a servi de prétexte pour évacuer trop facilement la notion de péché.
Il nous faut **revenir à la juste vision** de celui-ci comme **atteinte à l'Amour, donc à Dieu** lui-même.
Ainsi nous pourrons entrer dans cette douloureuse joie du repentir, véritable **libération pour l'homme car l'amenant à recevoir et donner le pardon, dans la solidarité née de l'Amour**

CHAPITRE 2

AUTORITE / OBEISSANCE

GENERALITES SUR L'AUTORITE ET L'OBEISSANCE

En introduction à ce sujet, je voudrais évoquer une anecdote remontant à l'époque de mes études de médecine. Aux travaux pratiques d'anatomie, notre groupe d'étudiants s'était vu attribuer, pour dissection, le cadavre d'un homme de bonne constitution apparente. Sur sa poitrine s'étalait fièrement un tatouage avec la formule : « ni Dieu ni Maître ! » !
C'était à la fois cocasse et pathétique de constater la vanité, en ces circonstances, du rejet naïf de toute autorité!

QUESTION :*Qu'est-ce que l'« autorité », si présente dans la vie de chacun ? Qui l'a instituée et dans quel but?*

REPONSE : La définition que donne le « Larousse » de l'autorité, c'est : « le droit de commander, en vue de gouverner, d'administrer ».
Cette vision de l'autorité est exacte mais insuffisante, partielle, incomplète, car **limitée à la seule vision humaine, sans prise en compte du but final de l'autorité et de l'obéissance!**

On voit tout de suite que la vision de ce qu'est l'autorité (et donc sa définition même), est liée à la deuxième partie de la question, à savoir l'origine de « l'autorité ». La question posée se ramène donc à celle de l'origine.

ORIGINE DE L'AUTORITE

Cette origine **est-elle purement humaine ou « supra humaine »** ?
Autrement dit, l'autorité émane-t-elle seulement de l'homme, qui, alors la définit selon sa propre vision, une vision humaine ?

Ou bien l'homme lui-même est-t-il soumis à une « Autorité supérieure » imposant une autre vision, divine celle-là, de l'autorité.

C'est cette dernière vision que l'on va d'abord envisager, avec les développements qui en résultent, pour examiner ultérieurement la vision purement humaine de l'autorité et ses conséquences logiques.

A) VISION « DIVINE » DE L'ORIGINE DE L'AUTORITE

Cette vision de l'origine de l'autorité est fonction du **choix initial**, que chaque humain doit faire, dans sa liberté. Du choix de reconnaître à « l'autorité » une origine divine, va découler, en effet, un ensemble de conséquences capitales pour la destinée de l'individu !

Que révèle le choix de reconnaître une origine divine à l'autorité ?
Tout simplement que **l'on accepte, par là, l'autorité de Dieu sur sa création**, sur l'humanité, sur chacun de nous !

Le qualificatif de « divine », attribué à l'origine de l'autorité, signifie que l'autorité correspond au « Plan de Dieu » dont la « Révélation » nous donne connaissance.
Dans cette vision divine, **dans ce « Plan » de Dieu, l'obéissance à l'autorité de Dieu** représente alors le **moyen, pour nous, de parvenir au BONHEUR de la Vie éternelle** que Dieu nous fixe comme but de son Plan pour nous.

Que l'obéissance ait pour nous, comme but final de nous apporter le Bonheur peut nous étonner, de prime abord. Nous n'avons pas, en effet, une tendance spontanée à l'obéissance ! Et pourtant, **c'est bien notre bonheur, dans l'ordre de l'amour, que vise le Plan de Dieu!**

En réalité, il y a, finalement, pour les créatures humaines et angéliques une seule alternative dans le choix fondamental à faire par chacun :

- **soit faire confiance à Dieu** pour nous indiquer le chemin du Bonheur définitif, (c'est-à-dire, pour partager la Vie même de Dieu), **en nous soumettant à l'autorité de Dieu.**
- **soit refuser de faire confiance à Dieu et rejeter son Plan, son autorité**, pour obtenir notre bonheur entièrement par nous-mêmes !

Pourquoi faire confiance à Dieu ? Parce que c'est **Dieu qui est le Bien, le Bon par excellence** ! C'est ce qu'affirme Jésus au jeune homme riche (Mc 10,18) : « Nul n'est **bon** sinon Dieu seul!».

Dés lors, **on peut définir l'autorité**, en lui reconnaissant une origine divine, comme le **moyen, pour Dieu, de nous amener au Bonheur du Royaume.**

L'AUTORITE, dans cette première façon de voir les choses, vient donc de Dieu et vise à réaliser le Plan de bonheur de Dieu pour nous. Autrement dit, comme Paul nous l'explique dans la lettre aux romains chapitre 13, **Dieu qui est la source du BON, du BIEN, de l'AMOUR est aussi la source de l'AUTORITE, en vue de notre Bonheur !**

Alors, la conséquence capitale de cela, c'est qu'Il n'y a d'autorité que par Dieu (Rm 13, 1) et toute autorité doit être, normalement, « au service de Dieu **pour t'inciter au bien** » (Rm 13, 4), donc au service du Bien dont l'expression est l'Amour !
L'autorité a donc, de ce fait, un but bien clair : le BIEN , l'AMOUR. Toute autorité dont le but final ne serait pas le Bien est faussée par avance !

Puisqu'elle vient de Dieu, voulue par Lui et puisque Dieu est Amour, **l'autorité doit s'exercer dans l'amour,** au service de l'amour.
Ceci est vrai pour les différentes sortes d'autorité, pour toutes les époques et pour toutes les circonstances.

Par conséquent, il est clair que l'autorité, que ce soit dans la famille, dans la société, dans l'Eglise etc…. est confiée, à ceux qui l'exercent, **-non comme un « pouvoir » -mais comme un « service »**, semblable à celui de Jésus lavant les pieds de ses apôtres (Jn 13, 13-15).

A contrario, l'autorité devient abusive et mauvaise quand, au lieu d'être au service de l'amour, elle sert le mal.

Ainsi, lorsque, par exemple, un parent jaloux ordonne à son enfant, adolescent, d'espionner l'autre parent pour surprendre des relations adultérines et les rapporter.

Ou encore lorsque ce père coureur menace de représailles son fils adolescent, témoin malgré lui du dévergondage paternel, s'il « vend la mèche » auprès de la mère. Ce genre d'autorité, au service du mal, est illégitime !

L'AUTORITE, si elle est exercée selon Dieu, dans le Plan de Dieu, **n'existe qu'en vue de ce qui est BON, de ce qui est BIEN.**

Après avoir envisagé l'origine de l'autorité, il nous faut voir son objet, son domaine, ce sur quoi elle porte.

<u>SUR QUOI PORTE L'AUTORITE ?</u>

Sur trois domaines, trois « volets », qui correspondent aux trois « pouvoirs : législatif, exécutif et judiciaire de la société civile, dont le but est, normalement, d'assurer le « bien » de cette société !

Ce sont :
-1) **La détermination** de ce qui est « bien », de ce qui est « bon », de ce qui est en accord avec **la Vérité**. L'autorité est donc compétence et <u>droit à discerner, à dire ce qui est bien, à dire ce qui est vrai</u> !

-2) **L'accomplissement** de ce qui a été reconnu comme « bien », le passage dans le concret de ce qu'il faut faire en vue du « bien ». L'autorité est donc, aussi, <u>droit à agir et faire agir en vue du « bien »</u> !

-3) **Le jugement** de ce qui a été accompli ou aurait dû être accompli en vue du « bien », dans le concret, et le droit de redresser ce qui ne correspondrait pas à ce « bien ». Autrement dit, évaluation et sanction (en positif et négatif).

On reconnaît là les trois « pouvoirs » de la société civile : législatif, exécutif et judiciaire.

B) <u>VISION HUMAINE DE L'ORIGINE DE L'AUTORITE</u>

Elle est en opposition formelle avec la vision « divine » que l'on vient de voir.
Elle n'est, en fait, que la partie émergée de cet iceberg qu'est la prétention de l'homme, depuis Adam et Eve, à **déterminer lui-même et en dehors de Dieu, le Bien et le Mal.** Ainsi, l'homme s'arroge les trois « pouvoirs » concernant l'autorité : celui d'en fixer le but, celui d'en préciser les modalités, celui d'en juger les implications.

Autant de causes de contestations, oppositions, violences, intolérances qui secouent notre monde, pour son malheur.

On comprend facilement que, si une autorité n'a pas été en mesure de dire et décider, d'abord, ce qui est « bien », elle ne sera pas capable de faire accomplir le bien dans le concret et encore moins de juger de cet accomplissement. Les « objectifs » de l'AUTORITE, ne seront donc pas atteints et le Bien ne sera pas au rendez-vous !

Actuellement, **la société occidentale est, pour une large part, dans une impasse.** Ceci dans la mesure où elle ne reconnaît plus à Dieu l'autorité de dire, d'abord, ce qui est le « bien » et ce qui est le « mal ». La société occidentale est retombée dans le problème d'Adam et Eve, schématisé par leur "problème" au pied de l'arbre de la connaissance du Bien et du Mal, au paradis terrestre **: obéir ou désobéir à l'autorité de Dieu ! Comme Adam et Eve, elle a, clairement, choisi de désobéir !**

Une vision purement humaine de l'autorité est donc non seulement incomplète mais encore malsaine, incapable d'introduire le Bien dans le monde !

RELATION ENTRE AUTORITE ET DROITS DE L'HOMME

QUESTION : Si l'autorité vient de Dieu, quelle relation y a-t-il alors entre « l'autorité » et les « droits de l'homme » ? Ces derniers peuvent-ils s'opposer à «l'autorité» qui vient de Dieu ?

REPONSE : Toute autorité, étant soumise à Dieu, doit respecter les « droits » que Dieu, dans son Plan, accorde à l'homme (par exemple ceux qui viennent de sa « dignité d'image de Dieu »).
Tout obstacle que cette autorité mettrait à l'encontre de ces droits rendrait abusive cette autorité.

Par contre, si c'est l'homme lui-même qui, de sa **propre autorité**, décide de ses « droits », y compris contre la Toute Puissance de Dieu, il perd toute légitimité pour les soi-disant droits en question, qui doivent s'incliner devant l'autorité de Dieu.

La question des relations entre autorité et droits de l'homme nous ramène donc à celle de **l'origine des droits de l'homme, examinée plus haut et, en fait, à celle de l'obéissance à Dieu.** En effet :

1) Si l'on reconnaît à Dieu la Toute Puissance, on doit, logiquement, lui reconnaître l'autorité et obéir, **ne serait-ce que par crainte**, à ce qu'il commande.

2) Si l'on reconnaît la bonté de Dieu, si on confesse qu'Il est le Bien et le Bon par excellence, on doit alors adhérer à cette autorité de Dieu, par **amour et non plus par crainte.**

3) **Si l'on ne croit pas en Dieu, il n'y a plus de raison d'obéir à une « autorité » supérieure** et on se donne le droit de déterminer soi-même le Bien et le Mal, comme l'ont fait Adam et Eve trompés par le « serpent ». Et alors, bien sur, on choisit les « droits de l'homme » **qui nous conviennent !**

Dés lors, la société devient un lieu de contestation entre les avis divergents des uns et des autres à propos du « bien » et des droits de chacun, avis en perpétuel remaniement, entraînant l'instabilité de la société, comme évoqué plus haut !

Dans le concret, **il y a un affrontement** entre l'autorité émanant de Dieu et les « droits de l'homme » **quand ceux-ci se présentent en concurrence** avec l'autorité venant de Dieu !

Par contre, si l'on fait confiance à Dieu, ce qui est le propre de la foi, alors il y a convergence entre les « droits de l'homme » et l'autorité venant de Dieu. **A condition, bien entendu, que l'autorité présentée comme venant de Dieu soit effectivement conforme au Plan de Dieu !**

OBEISSANCE ENVERS L'AUTORITE

QUESTION : Peut-on exercer une autorité sans avoir, soi-même à obéir ?

REPONSE : C'est le problème du lien entre autorité et obéissance !

LIEN ENTRE AUTORITE ET OBEISSANCE

Quand quelqu'un s'imagine que son autorité vient de lui-même et qu'il n'a de compte à rendre à personne (Vision humaine de l'autorité), il détourne, en fait, l'autorité de Dieu (selon la vision divine de l'autorité).

Mais parmi ceux qui admettent l'autorité de Dieu, il y a des divergences sur la façon de connaître la volonté de Dieu, sur la façon de lui obéir et sur les critères d'appréciation de cette obéissance.

Il en résulte des difficultés pour l'exercice de l'autorité, voir même de véritables et dangereuses **emprises d'origine strictement humaine.**
On comprend donc la complexité du lien entre autorité et obéissance et les difficultés aux quelles se heurte parfois cette dernière !

Il y a d'abord un lien de complémentarité entre autorité et obéissance. Les deux sont liées. La façon dont on est soi-même obéissant entraîne la façon dont on va exercer l'autorité !
Ensuite, l'autorité devant s'exercer selon le Plan de Dieu, celui qui la détient doit être lui-même obéissant à Dieu (Mc 10, 42-45).

C'est ce que le Christ a magnifiquement montré : Marc écrit que Jésus exerçait pleinement son autorité : « ….voilà un enseignement nouveau, plein d'autorité….! » (Mc 1, 27). Mais **en même temps, il était dans une obéissance parfaite au Père :** Paul dit que Jésus « …étant de condition divine….s'est abaissé, devenant **obéissant jusqu'à la mort…** » (Ph 2).

De même, **ceux qui ont autorité doivent être dans l'obéissance au Christ** qui est, lui-même, obéissant au Père.

Dans tous les domaines, nous ne sommes que de simples maillons dans la grande chaîne de l'obéissance et de l'autorité. Celui qui détient une autorité est placé entre celui qui lui obéit et celui auquel il obéit lui-même !

LIMITES DANS L'OBEISSANCE

QUESTION : *L'obéissance envers l'autorité a-t-elle des limites et quelles sont-elles ?*

REPONSE : Il y a des limites à l'obéissance dans la mesure où celle-ci est en relation avec une autorité **exercée par des hommes** (même si Dieu est à l'origine de cette autorité). Car les hommes ont, bien entendu, des limites.

LIMITES DE L'AUTORITE

L'autorité étant le droit de commander….(cf plus haut), ce droit des uns s'arrête où commence le droit des autres, c'est-à-dire le droit et, voir même le devoir, de ne pas obéir. En effet, l'autorité s'exerçant pour le « bien » de tous, c'est pour que ce « bien » soit réalisé au mieux que tous sont appelés à y collaborer, selon leurs capacités, en obéissant.

L'autorité ne doit donc pas empêcher chacun d'exercer ses bonnes capacités au bénéfice de tous. Elle ne doit intervenir que si ceux envers qui elle s'exerce sont incapables de réaliser par eux-mêmes le « bien » qu'elle recherche. **C'est ce qu'on appelle le principe de subsidiarité !**

Reste à estimer, bien sur, **les réelles capacités** des uns et des autres à réaliser le bien. Cette estimation se fait dans la confiance, mais à bon escient et non dans la naïveté ! Ceci est valable dans tous les domaines où s'exerce l'autorité.

Par ailleurs, l'obéissance due à une autorité peut entrer en concurrence avec celle, contraire, réclamée par une autre autorité.

OBEISSANCE A DES AUTORITES EN CONCURRENCE

Dans chaque secteur où s'exerce une autorité, il y a souvent concurrence avec une autre « autorité » et danger de confusion, dommageable pour la réalisation du Plan de Dieu !

Un très bon exemple en est donné par l'épisode de l'impôt à César: Les pharisiens posent à Jésus la question de la permission ou de l'interdiction de payer l'impôt à César (Mt 22, 15-22).

Par là, **ils opposent catégoriquement** l'autorité « civile », celle de César, à l'autorité de Dieu, laquelle ils assimilent à celle de la Loi de Moïse. Jésus dénonce la confusion entre deux secteurs d'autorité, le religieux et le politique et montre qu'une part d'autorité doit revenir au pouvoir civile (même si, comme c'est le cas pour l'empereur de l'époque, le pouvoir civil commet certains abus et ne respecte pas Dieu).

Le pouvoir civil a bel et bien un pouvoir de fait, objectivé par l'effigie de César sur la pièce montrée par les pharisiens à la demande de Jésus. A l'opposé, le pouvoir de Dieu ne doit pas être contesté par le pouvoir civil qui doit respecter la liberté religieuse, entre autres. Jésus fait donc la juste part des choses et déclare qu'il y a un domaine de compétence propre au **pouvoir civil** et un autre propre au **pouvoir de Dieu**: « rendez à César ce qui est de César et à Dieu ce qui est à Dieu ! » (Mt22, 21).

Il faut noter en passant que Jésus n'a pas parlé du pouvoir que se donnaient indûment les pharisiens de« lier sur les épaules des fidèles juifs des fardeaux auxquels eux-mêmes ne touchaient pas»(Mt 23, 4) ! Il a parlé **du pouvoir de Dieu** !

Normalement, il ne doit pas y avoir d'opposition entre pouvoir « civil », et pouvoir « religieux », mais complémentarité, respect et tolérance pour le Bien de tous. Ce devrait être la définition même de la « laïcité » !

Trop souvent, il y a une sorte de parallélisme entre ces deux pouvoirs, avec tendance à s'ignorer mutuellement. Pire encore, ce peut être, outre une concurrence néfaste, une véritable opposition conflictuelle.

Cette opposition entre pouvoirs est du même ordre que celle entre amour pour Dieu et amour pour « l'autre » qui menace les couples.
Au lieu de l'indispensable synthèse entre les deux, il y a souvent, soit parallélisme et ignorance réciproque, soit opposition !

Dans le domaine de l'autorité, il devrait y avoir renforcement mutuel de l'autorité de Dieu et de l'autorité détenue par toutes les structures humaines recevant légitimement une part de cette autorité.

Il faudrait que, quand j'obéis aux « autres », je sois, par le fait même, dans l'obéissance à Dieu et que mon obéissance à Dieu se traduise par l'obéissance légitime aux autres ! Ceci de la même façon que, quand j'aime vraiment mon conjoint, par là même, j'aime Dieu, dans le même mouvement, sans avoir besoin d'y rien rajouter. Et que le fait d'aimer Dieu renforce mon amour pour mon conjoint !

Cette « synthèse » idéale est, nous le savons, difficile à réaliser, mais balise la voie du BONHEUR, dans les deux domaines de l'autorité et de l'amour….qui, à vrai dire, sont un seul et même domaine **puisque l'autorité véritable (pour le Bien) vient de Dieu-Amour** !

AUTRES LIMITES DE L'AUTORITE / OBEISSANCE

QUESTION : *L'obéissance ne comporte-t-elle pas plus d'inconvénients que d'avantages, pour l'homme, dans le cadre de sa quête du BONHEUR ?*

REPONSE : Cette question, fréquente, est mal posée ! Dans le cadre du bonheur recherché, il y a souvent, derrière une telle question une confusion sur le bonheur. On confond ce qui est plaisir passager, par satisfaction de certains désirs, avec ce qui est vraiment bonheur (cf Tome 2, chapitre 1).

Mais, une fois cette confusion écartée, il faut dénoncer le dérapage éventuel d'une « autorité » vers une emprise camouflée. A l'opposé, il faut détecter, derrière une obéissance banale, une "dépendance aliénante", qui est contraire à l'amour!

AUTORITE, EMPRISE ET OBEISSANCE

L'autorité met des limites aux désirs de ceux qui obéissent. Il faut que ces limites **soient légitimes, bien déterminées, expliquées dans la mesure du possible**, sinon l'autorité tourne à **l'emprise**. L'obéissance devient alors non seulement discutable, mais doit être écartée quand la dignité d'image de Dieu, que nous sommes, est menacée.

Ainsi, dans une famille pour les enfants, dans la cité pour les citoyens, dans l'Eglise pour les fidèles, l'autorité doit offrir des repères surs, qui donnent confiance et aident à découvrir le Plan de bonheur de Dieu, à trouver le sens à la vie.
Mais on ne doit faire peser aucune emprise sur celui qui nous doit obéissance :
Les emprises viennent d'une autorité abusive, dictatoriale, **non conforme au Plan de Dieu.**

Exemples d'emprises : imposer à toute la famille, à la suite d'un deuil, des pratiques abusives relevant de certains tabous, comme on le voit encore de nos jours. **Mais l'emprise peut être plus subtile** :

Ainsi, bloquer un enfant dans une situation d'échec pour toute sa vie en lui répétant à longueur de jours qu'il ne sera jamais « capable ».
De même, il y a emprise quand des parents forcent outre mesure un enfant au travail scolaire, pour assurer sa « réussite »…..ou plus exactement pour satisfaire la vanité des parents qui, n'ayant pu obtenir une certaine promotion sociale veulent la gagner à travers la réussite de leur enfant, mais au détriment de son équilibre.
Il y a parfois un certain ascendant pris par les parents sur les enfants, qui est une prise de pouvoir injuste et non une véritable autorité. Cela suscite chez les enfants une réaction de peur ou même de révolte, faussant la vision du Plan d'amour de Dieu.

L'emprise peut même aller, malheureusement, de façon caricaturale, jusqu'aux abus sexuels !

Ceux qui obéissent **doivent rester libres de donner le sens qu'ils choisissent à leurs actes, à leur vie, à leur obéissance elle-même. Ceux qui détiennent l'autorité doivent les aider dans cette tâche.**

A ce propos, il faut rejeter toute emprise concernant la « vocation » de chacun. **Aucune emprise ne doit empêcher d'accueillir et réaliser l'appel de Dieu.** Cela concerne différents domaines et, entre autres, celui de la consécration d'une vie au Seigneur selon différents modèles.

A l'opposé, il ne faudrait pas que des parents, par exemple, sous prétexte d'un vœu fait par eux, **obligent leur enfant** à embrasser un état de vie pour lequel il n'a manifestement pas reçu l'appel de Dieu correspondant : ce serait, là aussi, une emprise intolérable!

Un exemple de bon équilibre en la matière nous est donné dans l'épisode évangélique de Jésus retrouvé par ses parents au milieu des docteurs dans le Temple (Luc 2, 41-51) : Jésus revendique d'être d'abord dans l'obéissance à son Père, mais il reste « soumis » à ses parents….qui ne comprendront que plus tard !

On vient de voir comment l'emprise pouvait venir d'un abus de l'autorité. **Du côté de l'obéissance**, celle-ci peut également déraper…vers l'aliénation !

On a vu dans le tome 1 comment une des réactions du « vieil homme » pouvait être de brader sa dignité (pour s'entendre confirmer par « l'autre » son amabilité) en tombant dans une **obéissance aliénante.**

Cette dernière signe un « sentiment d'indignité/culpabilité » qu'il est nécessaire de détecter, entre autres chez « l'enfant trop obéissant », pour éviter un « retour de flamme » à l'adolescence !...et aussi chez le conjoint trop soumis à l'autre!

COMMENT EXERCER L'AUTORITE

<u>QUESTION :</u> *Y a-t-il des règles concernant la pratique concrète de l'autorité et de l'obéissance, qui lui est liée ?*

<u>REPONSE :</u> Il y a des règles à respecter pour que l'autorité et l'obéissance s'exercent dans le Plan de Dieu ! Il y a une « manière » !

LA MANIERE D'EXERCER L'AUTORITE ET D'OBEIR

Aussi bien pour discerner le « bien » que pour le faire et ensuite pour juger de ce qui a été fait, l'important est **d'obéir au Plan de Dieu**. Cela doit se faire **dans l'amour, jamais dans la peur, ni par recherche de bénéfice illusoire.**
A ce propos, celui qui exerce l'autorité doit veiller aux réactions de ceux qui obéissent :

- Bien entendu, ne pas susciter la peur et donc surveiller ses attitudes, son langage, son regard.
- Mais aussi ne pas provoquer une obéissance servile, une dépendance excessive (comme vu plus haut), un abandon de sa liberté pour se faire « bien voir » de l'Autorité. La soi-disant facilitation de la relation que cela entraîne est contre balancée par les dommages qui résulteront de **cette dépendance aliénante.**

Attention, donc, aux enfants ou aux subordonnés « trop obéissants » qui ont sacrifié leur légitime personnalité pour ne « pas avoir d'histoires » avec l'autorité : ils risquent de se « réveiller » plus tard dans une agressivité énorme vis à vis de celle-ci !

Pour cela, il faut, dans l'exercice de l'autorité, rester juste, ne pas accepter de flatteries. Il est bien dit que tout flatteur vit aux dépends de celui qui l'écoute….et de l'autorité de celui-ci !

L'autorité doit toujours s'exercer dans l'exemplarité. Autrement dit, celui qui l'exerce doit donner l'exemple de l'obéissance au commandement de Dieu : « aimer Dieu et son prochain comme soi-même ». Ainsi, en montrant qu'il est lui-même obéissant, il est en droit de solliciter l'obéissance de ceux qui doivent lui obéir. Il ne tombe pas sous le coup de la condamnation prononcée par Jésus sur « ceux qui disent et ne font pas » (Mt 23,1-12).

Telles sont les caractéristiques essentielles de l'autorité en général et de son corollaire, l'obéissance, dont nous allons voir l'application dans quelques domaines et, d'abord, celui de la famille.

CHAPITRE 3

L'AUTORITE DANS LA FAMILLE

Les membres de la famille sont chacun un maillon de la grande chaîne de l'obéissance et de l'autorité. Celui qui détient une autorité est placé entre celui qui lui obéit et celui auquel il obéit lui-même.

QUESTION : QUI DETIENT L'AUTORITE DANS LA FAMILLE ?

REPONSE : Le père, chef de famille, a cette responsabilité mais il la partage avec la mère. Lui l'exerce en tant que « berger » et la mère en tant que « prophète ». Ce sont là les deux facettes de l'autorité dans la famille !

Le berger d'un troupeau conduit les brebis selon sa compétence, en tenant compte de certains critères, dont les avis autorisés d'autres personnes. Ce n'est pas parce que tel endroit est plus agréable pour lui qu'il y mène ses brebis, mais parce que ce lieu est meilleur pour le troupeau. Avant d'aller dans tel endroit, il aura écouté la météo, regardé la qualité de l'herbe, la sécurité du lieu…. De même, la « météo » du père de famille, c'est sa femme, plus sensible que lui à certains aspects et détails de la vie familiale, souvent plus accessible aux besoins des enfants.

Souvent, la mère devine mieux que le père et voit plus loin ! Pour autant, c'est le père qui, après avoir déterminé avec la mère et parfois aussi, avec les enfants ou d'autres, ce qu'il faut faire, a **la responsabilité de l'application des décisions**. Ce qui ne veut pas dire qu'il va faire tout, tout seul !

Les responsabilités peuvent être partagées dans un consensus réel, avec profit pour tous.

Lorsqu'il y a un seul parent au foyer, ce parent ne peut exercer seul, sans dommage, l'autorité des deux parents. Il doit donc demander de l'aide :

- soit d'un « berger de suppléance »
- soit d'un « prophète de suppléance », selon celui qui fait défaut.

Pour cette suppléance, on fait appel, le plus souvent, à quelqu'un de la famille : oncle, tante, grands-parents, cousin etc….L'important est de discerner la personne capable et surtout, de **confiance**, à qui on pourra demander de s'occuper de tel enfant. Il ne faudrait pas mettre cet enfant en danger en permettant à quelqu'un dont on ne soit pas sûr d'avoir une influence, voir une certaine intimité avec lui ou elle ! On ne saurait trop préserver enfants et adolescents de certains détraqués sexuels, mais il ne faut pas, non plus, de méfiance excessive et voir le mal partout !

On voit que la véritable autorité doit respecter le rôle de chacun dans la famille.
C'est pourquoi il ne doit jamais y avoir de contradiction entre les ordres donnés par le père et par la mère, entre les autorisations arrachées à l'un après qu'elles aient été refusées par l'autre parent.

Pour cela, il est essentiel que toute décision, surtout importante, soit prise **par accord entre les parents** …..alors que, bien souvent, dans la pratique journalière, on modifie la place des choses dans la maison, l'ordre des meubles, la voiture et bien d'autres choses, sans consulter le conjoint !

Ces discordances sont tout de suite exploitées par des enfants en mal de désobéissance pour en prendre, eux aussi, à leur aise. L'obéissance de la part des enfants est nécessaire, pour que chacun tienne son rôle dans la famille (cf Eph 6, 1-4).

A l'opposé, il faut **éviter de confier une trop grande part d'autorité à des enfants**. Certes, les plus grands, par exemple, sont capables de s'occuper parfois des plus petits, mais dans la limite de leurs compétences et de leurs possibilités.

Un enfant auquel on délègue une trop grande autorité, auquel on en vient même à dire ce qui devrait n'être connu que des parents, un enfant dont on sollicite des décisions au-dessus de son age, sera déstabilisé, mis en danger dans son équilibre et son avenir (en particulier conjugal!).
De même, il y a une juste mesure à respecter dans l'autonomie financière des enfants, surtout à partir d'un certain âge.

DANS LA FAMILLE, SUR QUOI PORTE L'AUTORITE?

Sur tout ce qui touche la vie familiale communautaire, sur tout ce qui, dans la vie personnelle de chaque membre de la famille, a des **conséquences sur l'ensemble**. Tout ce qui a trait à la cohésion familiale, au service, au temps libre, relève de l'autorité familiale !
C'est en relation **avec le principe de subsidiarité** : ce qui peut être assumé par un membre de la famille tout seul et sans conséquences pour le reste de la famille peut et devrait être pris en charge par l'intéressé lui-même, comme, par exemple, certaines démarches administratives.

Dans une famille, chacun doit, à condition d'avoir la maturité nécessaire pour cela, être le seul responsable de ce qui ne regarde que lui, mais pas de ce qui regarde l'ensemble de la famille.

Par exemple : quand un grand adolescent (garçon ou fille) a une tenue provocante! On pourrait penser que cela ne regarde que lui : « mon corps m'appartient, dira-t-il ! ». Mais le retentissement sur toute la famille risque d'être mauvais, voir injustement pénalisant!

Donc, l'autorité parentale doit intervenir. Mais si le même jeune veut faire une dépense farfelue avec son argent de poche, c'est à lui de prendre la décision….mais pas sans que l'autorité parentale n'ait cherché à l'éclairer avec doigté!

<u>QUESTION :</u> *A propos de l'autorité dans la famille, comment faut-il comprendre l'injonction de Paul dans la lettre aux éphésiens, chapitre 5, verset 22 : « …femmes, soyez soumises à votre mari, comme au Seigneur… !» ?*

<u>REPONSE</u> : Il ne faut pas retirer ce passage de son contexte. Dans ce qui précède le verset en question, Paul a précisé, en s'adressant à tous : « **…soyez soumis les uns aux autres** », mais dans l'amour, ce qui change totalement le sens littéral de l'injonction et explique tout le reste ! Tous sont soumis…à l'autorité du Christ, lui-même obéissant au Père !

Pour le mari, chef de famille, son autorité doit s'exercer comme celle du Christ vis-à-vis de l'Eglise, en aimant sa femme « <u>comme le Christ aime l'Eglise et s'est donné pour elle…</u>» ! C'est donc une « autorité de service », **au service uniquement de l'amour**.

Celui qui aime sa femme s'aime lui-même, dit Paul, qui ajoute que « **ce mystère** est grand », celui de l'amour du Christ pour l'Eglise…et donc celui de l'homme par rapport à sa femme ! Qui pourrait souhaiter mieux pour l'un et l'autre ?
La soumission de la femme à son mari doit être comprise dans le cadre de **la relation nouvelle** décrite ci-dessus entre le mari et sa femme et **dont l'exigence ne peut être réalisée que par l'amour véritable** (cf Tome 2, chapitre 2).

C'est dire que tous deux, mari et femme, sont appelés à vivre un amour en croissance, vers le Royaume, un amour dans lequel les questions de préséance, de domination ou d'emprise n'ont plus du tout leur place !

En conclusion, l'injonction adressée par Paul aux femmes doit être comprise dans **l'injonction à tous d'être soumis à l'amour** et dans l'émerveillement mutuel de ce vécu conjugal du mystère d'amour entre le Christ et l'Eglise.

On est bien loin des contestatios "féministes" suscitées parfois par ce fameux verset et des prétentions "machos"! Bien entendu, tout ce qui concerne l'exercice de l'autorité en général, s'applique au cas de la famille.

CHAPITRE 4

L'EGLISE ET L'AUTORITE

L'Eglise évoque, aux yeux de certains, le type même de l'institution autoritaire. De ce fait elle est, de leur part, l'objet d'un rejet avec contestation de son droit à exercer l'autorité qu'elle revendique. Cette contestation peut aller jusqu'au doute sur son utilité, voir même jusqu'à la négation de son droit à l'existence.
Pour traiter du rapport de l'Eglise avec l'autorité, nous allons étudier :

- **l'origine de l'Eglise**
- **l'autorité dont dispose son fondateur, le Christ**
- la mission confiée par lui à cette Eglise et les moyens qu'il lui a donnés pour l'accomplir. Parmi ces moyens figure, évidemment, **la part de sa propre autorité** qu'il lui a, bien entendu, déléguée dans ce but, avant son départ de ce monde.

ORIGINE DE L'EGLISE DU CHRIST

C'est le Christ qui a fondé son Eglise (Mt 16-18 : « ...sur ce roc je bâtirai mon Eglise » !). Il l'a fait en choisissant ses premiers disciples et appelant, parmi eux, spécialement certains à être ses « apôtres » (Mt 10, 1-4). **Mais c'est l'ensemble des hommes qu'il appelle** à former son Eglise!

Il les appelle à une adhésion, **en sa personne,** au projet de salut de Dieu pour l'humanité toute entière. Cette adhésion libre, concrétisée par le **baptême, intègre alors l'homme dans la grande famille de l'Eglise.**
L'humanité entière est conviée à entrer dans l'Eglise du Christ : « ...de toutes les nations faites des disciples !».
C'est la recommandation de Jésus aux premiers de ceux-ci (Mt 28, 19) (Mc 16, 15-16).

L'Eglise du Christ n'est donc pas une « invention » des hommes mais une **fondation du Christ**. Chaque homme qui adhère à la personne du Christ, est invité, par conséquent, à intégrer par le baptême, cette fondation du Christ qu'est l'Eglise et à se soumettre par ce biais à l'autorité du Christ !

AUTORITE DU CHRIST

C'est l'autorité même de Dieu !
Elle découle de son identité de « Fils du Dieu vivant », révélée par Dieu le Père, selon la Parole de Dieu, en de nombreux passages du Nouveau Testament:
En Matthieu 16, 15-17 et 26, 63-64
En Jean : (Jn 8, 54-58), (Jn 10, 38)
En Paul, dans la lettre aux colossiens, qui décrit magistralement les attributs divins du Christ (Col 1, 15-20) etc
L'autorité du Christ s'affirme dés le début de l'évangile de Marc (1, 27). Dans la synagogue de Capharnaüm, Jésus inaugure son ministère public par un « **enseignement donné avec autorité** » qui frappe profondément les assistants.

S'il est vrai que peut être considéré comme chrétien celui qui proclame que le Christ est vrai Dieu et vrai homme, Verbe éternel incarné pour notre salut (Rm 10, 9), il est également vrai que **tout chrétien se définit comme reconnaissant l'autorité du Christ**. C'est même, là, un des fondements de l'unité des chrétiens.
Du fait de sa nature divine, ainsi affirmée, et **authentifiée par ses œuvres (Jn 5, 36-37)**, le Christ détient l'autorité de Dieu.
En sa seule Personne, il a une double nature, humaine et divine. Il est vrai Dieu et vrai homme

Cette affirmation qui est à la base même du christianisme est **un « mystère »**, c'est-à-dire une réalité inexplicable par la seule intelligence humaine et la seule raison. C'est donc seulement au niveau de son « esprit », préalablement éclairé par l'Esprit même de Dieu, que l'homme peut entrer dans cette réalité du mystère et y adhérer. (cf tome 1, chapitre 1)

Cette adhésion permet alors la **reconnaissance de l'origine divine de l'autorité du Christ et la soumission à cette autorité**. Il va sans dire que cela est incompatible avec la vision « humaine » de l'autorité telle que définie plus haut et s'accorde, par contre avec sa « vision divine ».

Toute contestation de la double nature, divine et humaine du Christ, porte atteinte à la plénitude de son autorité

C'est ainsi que **certains ont nié, la divinité du Christ**, ne voyant en lui qu'un homme exceptionnel, mais qui n'est pas le créateur éternel tout puissant. D'autres refusent au Christ **son humanité**. Les uns et les autres ne répondent donc plus à la définition du chrétien donnée par Paul :(Rm 10, 9 : « Si tu confesses de tes lèvres que le Christ est Seigneur, si tu crois en ton cœur qu'il est ressuscité des morts, alors tu seras sauvé » !). Cette contestation était prévue (Ac 20, 29-30)!

Parmi les principaux contestataires de cette sorte on rencontre:

- les ariens, qui affirmaient que Christ est **homme, mais pas vraiment Dieu,**

- les « nestoriens », qui affirmaient qu'en Christ il y avait **deux personnes**, l'une divine, l'autre humaine. Cela aboutissait, entre autres, à refuser à Marie d'être mère d'un fils qui est Dieu, mais seulement mère d'un homme.

- Les **monophysites**, qui affirmaient qu'en la personne du Christ, les deux natures étaient tellement unies que la nature divine avait absorbé la nature humaine. Il en résultait que, pour eux, le Christ n'était pas vraiment homme mais seulement Dieu.

Les premiers conciles œcuméniques de l'Eglise ont rejeté ces formulations, contraires à la « Révélation », comme on l'a vu plus haut. Elles étaient même contraires aux exigences du salut, puisque celui-ci nécessitait le **pardon divin** et la **pleine solidarité** du Sauveur avec l'humanité, ce que seule pouvait réaliser la présence des deux natures, divine et humaine, chez le Sauveur !

Les premiers conciles oecuméniques ont donc confirmé l'autorité du Christ en affirmant **sa double nature, divine et humaine:**

Nicée en 325 (confirmé par Constantinople en 381), puis Ephèse en 431, Chalcédoine en 451.
Mais une partie de la chrétienté, à cette époque, a refusé de suivre ces conciles œcuméniques et s'est coupée alors de la communion avec l'Eglise.

Le Christ détient donc la plénitude de l'autorité, dans les trois volets de celle-ci que l'on a définis dans les « généralités » sur l'autorité, à savoir :

-1) **La détermination** de ce qui est « bien », de ce qui est « bon », de ce qui est en accord avec **la Vérité**.

-2) **L'accomplissement** dans le concret de ce qui a été reconnu comme « bien », de ce qu'il faut faire en vue du « bien ». L'autorité est donc, <u>droit à agir et faire</u> <u>agir en vue du « bien »</u> !

-3) **Le jugement** de ce qui a été accompli ou aurait dû être accompli en vue du « bien », dans le concret, et le droit de redresser ce qui ne correspondrait pas à ce « bien ». Autrement dit, évaluation et sanction (en positif et négatif).

On vient de voir comment a été établi l'autorité du Christ, mais aussi comment cette autorité a été contestée dans l'Eglise elle-même au point de voir se détacher d'elle un certain nombre de baptisés, de même que certains disciples avaient quitté Jésus (Jean 6, 66).

Il nous faut voir maintenant comment s'est transmise jusqu'à maintenant l'autorité du Christ à l'Eglise et dans l'Eglise ?

TRANSMISSION D'AUTORITE, PAR LE CHRIST, A L'EGLISE

Un certain nombre de personnes et, entre autres de baptisés, accusent l'Eglise de s'interposer entre eux et le Christ avec qui ils entendent avoir une relation « directe », sans intermédiaire.

QUESTION :De quel droit, déclarent-ils, l'Eglise s'interpose-t-elle entre moi et le Christ? Et ils ajoutent généralement :« Moi, je suis croyant mais pas pratiquant et je n'ai besoin d'aucun intermédiaire pour m'adresser à Dieu ! ». Sous cette déclaration est affirmée, en fait, l'inutilité de l'Eglise, voir même sa nocivité puisqu'elle est vue comme un obstacle entre ces personnes et le Christ lui-même !

REPONSE : Comme on l'a vu, c'est le Christ qui a institué l'Eglise, qui est son « corps » (cf 1 Cor 12, 12-31), afin de continuer, par elle, son œuvre de salut. Voir dans l'Eglise, fondation du Christ, un obstacle à la relation avec le Christ, est donc contradictoire.

En fondant l'Eglise, le Christ lui a confié, avec la mission de continuer son œuvre de salut, en vue de notre Bonheur, l'autorité nécessaire pour cela !

Transmission d'autorité, par le Christ, à l'Eglise.

Après son « ascension », quarante jours après sa résurrection, et en attendant son retour dans la gloire, le Christ, selon sa promesse (Jn 14, 15-18) , n'a pas laissé seule l'Eglise qu'il venait de fonder et à laquelle il avait déclaré : « …je suis avec vous jusqu'à la fin des siècles » (cf Mt 28, 20).

Il nous faut donc voir, d'une part le contenu de l'autorité transmise par le Christ et, d'autre part, à qui le Christ a attribué cette autorité.

LE CONTENU

- C'est tout ce qui est **nécessaire pour continuer sa mission.**
Cela à travers les **« ministères »**, c'est-à-dire les tâches précises confiées à des chrétiens bénéficiant de l'autorité nécessaire pour les accomplir. Ces tâches correspondent aux différents « volets de l'autorité » évoqués plus haut.

C'est pour leur accomplissement que l'Esprit Saint a été envoyé à l'Eglise. L'assistance de l'Esprit Saint, a été promise par le Christ à son Eglise (Jn 16, 7), faisant ainsi de chacun de ses membres le « Temple de l'Esprit Saint » (1 Cor 3, 16-17).
On regroupe ces tâches, confiées par le Christ à son Eglise, avec l'assistance de l'Esprit Saint, en **trois volets :**

1. La détermination de ce qui est Bien et de ce qui est Mal, de ce qui est vrai et de ce qui est faux, concernant la Vérité révélée dans la Parole de Dieu. Autrement dit, il s'agit d'une certaine autorité pour l'établissement du **« dogme »** (ce qui est en accord avec la Vérité et doit donc être admis comme tel, mais toujours **en conformité avec la Parole de Dieu et la soumission à Dieu**) (cf Lc 10, 16). Ce volet de l'autorité correspond au « pouvoir législatif » de la vie civile.

2. La seconde tâche **est la détermination de ce que doit être le comportement concret de l'homme pour être en concordance avec la Loi d'amour du Christ.** Ce pouvoir de détermination comporte l'établissement de directives concrètes. Dans ce volet figurent également les signes et moyens de salut que sont les « sacrements », comme ceux du baptême (Mc 16-16) de la réconciliation (Jn 20, 22-23). L'Eglise doit en disposer pour le bien des chrétiens et leur cheminement vers le Royaume. Ce volet de l'autorité correspond au « pouvoir exécutif » de la vie civile.

3. Enfin, la délégation d'autorité par le Christ à son Eglise, comporte aussi la **capacité d'évaluer** ce qui a été accompli par les hommes ou aurait du l'être, avec sanction positive ou négative selon la correspondance ou non **avec la Loi d'amour du Christ**. C'est le volet de l'autorité correspondant au « pouvoir judiciaire » de la vie civile.

Un exemple concret des trois volets de l'autorité dont bénéficie le Christ et **qu'il transmet à son Eglise** nous est donné dans le débat entre Jésus et les pharisiens à propos du mariage (Mt 19, 3-12).
Jésus, provoqué par les pharisiens, commence par définir ce qu'est l'union de l'homme et de la femme, le but du mariage, dans le Plan de Dieu (volet législatif, « dogmatique »).

Puis il montre quel comportement concret en résulte dans la relation homme/femme au cours du mariage (volet exécutif). Enfin, il qualifie d'adultère, c'est-à-dire violation d'un engagement solennel, le comportement contraire au Plan de Dieu, à propos du mariage (volet « judiciaire »).

Jésus montre bien ainsi les trois volets de l'autorité qu'il transmet à son Eglise, représentée par les disciples alors présents…et quelque peu étonnés !

Il précisera, d'ailleurs à ceux-ci : « ce que vous lierez sur la terre sera lié dans le ciel... » (Mt 18, 18).

COMPTE TENU DE CETTE DELEGATION D'AUTORITE QUELLE MISSION POUR L'EGLISE ?

1)-<u>Annonce de la Bonne Nouvelle</u> : (Mc 16, 15-16).**Cette annonce a été confiée d'abord aux apôtres, mais aussi à tous les chrétiens.** Les apôtres et leurs successeurs sont **responsables de la bonne transmission de ce que Jésus a enseigné** : « ceux qui vous écoutent m'écoutent ». (Lc 10,16)

Ils doivent veiller à ce que des « loups ravisseurs » ne viennent altérer le message et disperser le troupeau (Ac 20, 29-30).

Le « kérygme » et ses développements sont contenus dans la Parole de Dieu, qui promet d'enseigner Lui-même son peuple. Cette parole prophétique (Jr 31, 33-34) annonçait le don à l'Eglise de l'Esprit envoyé par Jésus (Jn 14, 26) : «...l'Esprit Saint vous enseignera toutes choses... ». Il faut en comprendre le sens. En effet, il y a :

- a) d'une part le noyau même de la foi, le « kérygme », qui réclame l'adhésion personnelle de chacun, au niveau spirituel de la conscience éclairée, saisie, par l'Esprit Saint réalisant sur chaque « croyant » une véritable «onction» (1Jn 2, 27).

Grâce à elle, la Parole de Dieu demeure en chacun des croyants, désormais vainqueur du « mauvais » (1 Jn 2,14) par adhésion sincère au Christ ! Là-dessus, bien entendu, il n'y a rien à rajouter à cette connaissance intime, spirituelle résultant de cette onction de l'Esprit Saint. « Pour vous, l'onction que vous avez reçue de lui demeure en vous et vous n'avez pas besoin qu'on vous enseigne".... sur ce point!

- b) d'autre part, toutes les merveilles contenues dans la Parole de Dieu dont chacun doit faire son profit en tirant de ce trésor « des choses anciennes et des choses nouvelles » (Mt 13, 52), capables de l'aider à cheminer vers le Royaume. La mise en valeur de toutes ces vérités passe par le secteur intellectuel de la conscience de chacun et non plus uniquement par le secteur « spirituel ». Or, si ce secteur peut être encore en dépendance de l'Esprit Saint, il est aussi contaminable par ce parasite de notre intelligence blessée qu'est l'illusion et parfois l'orgueil, entraînant le risque de dérapage menaçant même les meilleurs ! (Mt, 16, 22-23).

Bien entendu, cette mission suppose la fidélité de l'Eglise à l'enseignement du Christ à travers la TRADITION, c'est-à-dire la **conservation intégrale de la Loi d'amour du Christ,** mais aussi **l'adaptation, aux circonstances changeantes de l'histoire, des divers règlements édictés en application de cette Loi.**

La TRADITION, comporte donc une **partie immuable, la Loi d'amour du Christ et une partie évolutive**, à savoir, les règlements indispensables pour le passage au concret, selon les circonstances et les époques et variant donc avec celles-ci.

CONTESTATIONS CONCERNANT LA TRANSMISSION D'AUTORITE, PAR LE CHRIST, A SON EGLISE

C'est précisément à propos de cette délégation et de cette transmission de l'autorité du Christ, analysées plus haut, que sont survenues des divergences entre chrétiens allant jusqu'à la rupture de l'unité de l'Eglise. **Ces divergences**, contrairement à celles que nous avons vues et qui ont entraîné des hérésies, **concernent non plus l'autorité elle-même du Christ, mais la délégation de cette autorité à l'Eglise et la façon, par elle, de la gérer.** Il en résulte des **schismes**, c'est-à-dire une mésentente, dans l'Eglise, sur la façon de voir et de vivre l'autorité transmise à elle par le Christ.

QUESTION : A qui, dans l'Eglise, le Christ a-t-il transféré une part de son autorité ? Est-ce à tous ou à certains...et auxquels ?

REPONSE : Après avoir vu le « contenu » de l'autorité transmise par le Christ à son Eglise, il reste à déterminer à qui, finalement, il a confié, dans l'Eglise, la tâche d'accomplir les différents « ministères » et attribué, par conséquent, l'autorité pour le faire. Or, sur ce point, les différentes dénominations chrétiennes ne sont pas d'accord. On constate, grosso modo, deux courants dont l'opposition est réelle, mais parfois exacerbée par certains (en contradiction flagrante, alors, avec l'injonction du Christ à ses disciples de rester fermement dans l'unité !).

- **Un courant** attribuant à l'ensemble des baptisés la capacité d'exercer un « ministère global» très général. Ainsi, est alors reconnu l'accès au « ministère sacerdotal » pour tous les baptisés et, à la limite, il n'y a plus aucun baptisé spécifiquement « ordonné » au sacerdoce et revêtu de l'autorité correspondante ! Quant à la « succession apostolique » elle y est vue de façon très « ouverte », voir même assez floue!
  Le risque de ce courant, est de tendre à **l'individualisme** avec risque d'implosion d'une Eglise vidée de toute autorité autre que ...l'autorité individuelle de chacun !

- **Un autre**, établissant au contraire une spécificité très poussée des ministères, entre autres du ministère sacerdotal. La notion de succession apostolique y est restreinte et réservée aux seuls évêques consacrés par un évêque, avec seulement possibilité de délégation très limitée d'autorité à certains baptisés !
- Ce courant privilégie le communautaire par rapport à l'individuel et comporte, dés lors, un risque pour la liberté et la responsabilité individuelles légitimes.

En fait, le risque majeur est, **pour le premier courant**, de pousser chaque baptisé, à confondre les simples convictions nées au **niveau** de sa raison avec les certitudes reçues, par grâce, au niveau **de son esprit. Alors que ces dernières sont des guides surs offerts par le Seigneur, à la « conscience individuelle »** de chacun, les simples convictions nées de la seule raison, elles, sont incapables d'offrir à cette conscience individuelle un véritable discernement de la vérité.

Elles sont en effet très « contaminées » par notre nature blessée, que ce soit du fait de nos « positions de vie défectueuses » ou de péchés de structure, qui fragilisent notre discernement et sont donc source de dérapages !

Le risque, pour le second courant réside dans la **confusion possible** entre la Loi d'amour du Christ, à transmettre dans son intégralité et sa pureté, et la **réglementation** d'application de celle-ci, qui doit sans cesse évoluer pour rester fidèle à la première. La tentation peut être grande, **chez certains responsables de l'Eglise, d'outrepasser alors l'autorité déléguée par le Christ en la matière et d'exercer une emprise.** Tentation, aussi, de négliger l'adaptation nécessaire de la « réglementation » aux exigences de l'évolution normale des sociétés et freiner ainsi la progression vers « le Royaume ». Risque réel, également, de remplacer l'esprit de service par la recherche du pouvoir !

On voit que la marge de manœuvre est restreinte et qu'il faut **beaucoup d'humilité, comme n'a cessé de le proclamer le Christ, pour exercer l'autorité dans l'Eglise et l'autorité de l'Eglise vis-à-vis « du monde »** ! (Luc, 22, 24-27). Autant, par exemple, la primauté du rôle confié à Pierre par le Christ est indubitable (Mt 16, 19), autant le "dérapage" de Pierre a été notoire et reproché par le Christ lui-même (Mt 16, 22-23).

Autant la délégation d'autorité par Jésus au groupe des douze apôtres a été formelle (Lc 9, 1-6) ainsi que celle aux disciples eux-mêmes (Lc 10, 1-11 et 16), autant Jésus a dû reprendre les dérapages des uns et des autres sur le plan de l'humilité et du service (Lc 9,46-48 et Mc 9, 33-37).

En conclusion, on peut dire que l'autorité **de l'Eglise**, est confirmée par le Christ (Mt 18, 18).
Elle est nécessaire pour la continuité de sa mission dans le monde. L'autorité **dans l'Eglise** est absolument nécessaire.
Elle doit être exercée selon les directives du Christ, **en accord avec sa Loi d'amour** et non dans une contestation stérile touchant les "prérogatives" des uns ou des autres!
Pour Jésus, en tous cas, l'impérieuse nécessité de l'UNITE entre tous les membres de l'Eglise prévalait par rapport à toute préséance!
(cf. Jn chap. 17).

Actuellement, malheureusement, et dans le concret, on voit que le rôle de chacun, dans l'Eglise, et l'autorité reçue pour l'accomplir varient selon les dénominations. Dans les Eglises dites « apostoliques », c'est-à-dire invoquant comme fondement les apôtres, (selon la description qu'en donne Paul dans Ep 2, 19-22), l'autorité revient d'abord aux évêques.

Ceux-ci, de par leur succession « apostolique », ont autorité pour encadrer, organiser les différents secteurs de la mission de l'Eglise qui sont, comme on l'a vu :

-annoncer la Bonne Nouvelle
-transmettre les moyens de salut
-guider sur le chemin du salut

Cette tâche, les évêques l'exercent **collégialement**, c'est à dire ensemble, mais aussi chacun au niveau de la collectivité humaine qui lui est confiée. Parmi les évêques, la « primauté » revient à l'évêque de Rome, successeur de Pierre auquel Jésus a confié **la responsabilité de cette unité voulue par Dieu**, fondement et ciment de l'Eglise. Il y a donc, à ce niveau, une autorité particulière, intéressant les différents secteurs de la mission, **en vue de l'unité, indispensable pour cette mission** !

Les autres **ministres ordonnés**, prêtres et diacres, reçoivent autorité pour exercer la part de la mission qui leur est confiée dans les domaines déterminés.

Tous les autres membres de l'Eglise, les fidèles laïcs, **ont, eux aussi, autorité pour exercer leur part de la mission de l'Eglise, du fait même que leur baptême leur en donne l'obligation expresse.**

A chaque poste de responsabilité dans l'Eglise est placée une personne qui a autorité, dans un domaine particulier, même envers des personnes qui, dans d'autres domaines, peuvent avoir autorité sur elle. Par exemple, si l'évêque institue un laïc responsable du contrôle des finances du diocèse, il lui donne autorité, dans ce domaine, pour contrôler la gestion financière du curé de la paroisse dans laquelle le laïc en question est, sur le plan pastoral, sous l'autorité de ce prêtre. **C'est pourquoi la vision « pyramidale » de l'autorité dans l'Eglise ne colle pas à la réalité.** Certes, il y a une « hiérarchie », mais aussi un réseau complexe de responsabilités et compétences dont il doit être tenu compte dans l'Eglise pour le plus grand bien de la mission.

De toutes façons, **c'est le Christ lui-même qui est la « tête » de ce corps qu'est l'Eglise,** où chaque membre a sa fonction propre. Le Christ, en tant que « tête » de l'Eglise a toujours autorité sur elle, qui lui doit obéissance.

Question : *Quelles sont, dans sa mission d'accompagnement des hommes, les limites de l'autorité de l'Eglise ?*

Réponse :

a) - L'Eglise a reçu autorité pour tout ce qui relève de sa mission de guider et accompagner les hommes…...et avertissement sévère du Christ de ne pas empiéter sur les domaines ne relevant pas de sa compétence (Mt 22, 21) : « rendez à César ce qui est à César et à Dieu ce qui est à Dieu ! ». L'Eglise, à aucun niveau de responsabilité, ne doit user de son autorité pour imposer une option politique précise, incarnée par exemple dans tel ou tel candidat à des élections, mais elle doit **rappeler les critères évangéliques** nécessaires pour éclairer le discernement des citoyens vis-à-vis d'eux!

De même, **l'Eglise n'a pas à intervenir dans les données objectives scientifiques**, mais elle le doit vis à vis des conclusions qu'en tirent certains « scientifiques » **de façon abusive en empiétant sur le domaine de la foi**. Ainsi, conclure du caractère symbolique de la Genèse que la Bible « ne raconte que des bêtises » est tout simplement stupide!

L'Eglise doit aussi mettre en garde par rapport au retentissement moral éventuel de telle ou telle expérimentation, de telle ou telle application de données scientifiques.

b) - Dans l'Eglise, **le principe de subsidiarité** fixe les domaines dans lesquels chacun est soumis à une autorité : **ce que chacun est habilité à décider seul et à réaliser seul échappe à l'autorité des autres**. Par exemple, il revient au chef de famille (le « berger »), aidé par l'épouse (son « prophète ») de décider sous quelle forme, quand et comment, il convient de prier en famille, après avis des autres membres de la famille ainsi que d'un conseiller spirituel… encore que ce dernier n'a pas autorité pour imposer son point de vue à ce sujet.

On voit que l'autorité « réglementaire » et « doctrinale » de l'Eglise et dans l'Eglise a toujours été contestée, et en particulier par ses propres membres. On l'a vu à propos des grandes hérésies évoquées plus haut.
Mais aussi par le mouvement de la Réforme à partir du 16ème siècle et par tous ceux qui en sont issus.

Question : *Quelles sont les principales contestations de la Réforme dans le domaine de l'autorité et, d'abord, en matière de doctrine?*

Réponse : Dans le domaine de « l'autorité doctrinale » la Réforme a quatre « références » ou principes auxquels elle se réfère.

LES QUATRE REFERENCES DE L'AUTORITE DOCTRINALE DANS L'EGLISE, selon la REFORME

Ce sont :

1) **L'Ecriture,** contenant les données de la Révélation.
2) **La conscience individuelle**, dans sa capacité à comprendre cette Révélation.
3) Le « **Témoignage communautaire et public** » **des croyants**, dans sa capacité à réaliser une des caractéristiques de l'Eglise qui est la **convergence de ses membres à l'égard de la Vérité,** sous la mouvance de l'Esprit Saint promis par le Christ à l'Eglise.
4) L'actualisation de ce témoignage dans des textes normatifs symboliques qui sont, en fait, des « **confessions de foi** » (telle la « confession d'Augsbourg » ou celle de La Rochelle…).
A partir de ces quatre références, il devrait y avoir :
- la prise de conscience de la Vérité
- l'énoncé de cette Vérité
- l'obligation de la « confession » de celle-ci, pour mériter le qualificatif de membre de l'Eglise.

Selon les « pères de la Réforme », il ne doit pas y avoir de hiérarchie entre ces références : aucune d'entre elles ne doit s'effacer devant les autres ni les autres devant l'une d'elles !

Mais dans les faits, il y a toujours eu, il y a et il y aura toujours des tensions provenant de la primauté accordée à l'une de ces références, au détriment des autres. Selon les époques, la primauté change. Il semblerait que ce soit le cas, actuellement, avec la **promotion accordée de plus en plus à la « conscience individuelle »**. Cela n'est pas sans risque pour les autres références, d'autant plus que la notion de « conscience individuelle » est en réalité beaucoup trop floue, comme on a essayé de le montrer plus haut (cf aussi le chapitre 1 du Tome 1) !

Une réflexion renouvelée et une nécessaire clarification sur ce sujet de la « conscience individuelle», permettrait certainement une avancée œcuménique à propos de l'autorité doctrinale de l'Eglise et dans l'Eglise !

Or, l'Unité de l'Eglise et dans l'Eglise est le facteur indispensable pour la diffusion de cette BONNE NOUVELLE dont dépend la relation harmonieuse de l'homme avec Dieu et avec les autres.

CHAPITRE 5

LA SEXUALITE HUMAINE

Au début de la Bible, on trouve cette affirmation que Dieu fit l'humanité « mâle et femelle ». (Genèse 1, 27). Mais il ne s'agit pas d'un simple constat. La Bible nous montre et démontre **que Dieu poursuit,** à travers cette **différenciation,** son Plan de bonheur pour l'humanité. Mais c'est progressivement que les hommes vont comprendre le lien voulu par Dieu entre bonheur, amour et sexualité. Ce lien, Jésus l'affirmera avec force et l'expliquera, lors de la célèbre controverse avec les pharisiens à propos du mariage et de la fidélité (cf Mt 19, 3 à 12 et Mc, 10, 2 à12) : « …Que l'homme ne sépare donc pas ce que Dieu a uni… » et « tous ne comprennent pas cette parole… ».

Jésus, à cette occasion, montre, à ses contemporains, à la fois la grandeur de la sexualité et la difficulté à la vivre toujours dans le Plan de Dieu. Les choses n'ont guère changé depuis !

<u>Question :</u> *Qu'est-ce que la sexualité ? Qu'est-ce qui détermine le sexe d'une personne ?*

<u>Réponse :</u> La sexualité, c'est cette réalité, incontournable pour l'humanité, de l'appartenance normale de chaque individu à la catégorie soit féminine soit masculine. La sexualité groupe un **ensemble de caractères** sur lesquels porte cette différence entre hommes et femmes.

Mais c'est, initialement, la présence de deux chromosomes X dans le sexe féminin et d'un X avec un Y dans le sexe masculin, au niveau cellulaire, qui entraîne, secondairement, les caractéristiques de chaque sexe dans la personne humaine.
Certes, l'infléchissement vers ce qui caractérise ensuite l'un et l'autre sexe est forcément influencé par l'environnement. Mais celui-ci n'a cependant qu'un rôle secondaire en la matière, contrairement à ce que soutiennent les tenants de la théorie du « gender ». La sexualité est bel et bien une **réalité incontournable** dans l'espèce humaine et le sexe normalement déterminé dés la conception. Il faut aussi reconnaître que l'apparition de la sexualité représente, dans « l'échelle animale » une réelle promotion ! En fait, la **sexualité entre dans le Plan de Dieu** et nous verrons dans quel but. Dés lors, il n'est pas étonnant que ceux qui rejettent le Plan de Dieu combattent l'élément clé de ce Plan que représente la sexualité et veuillent effacer cette réalité qu'est la différenciation sexuelle.

QUESTION : Y a-t-il des anomalies possibles dans la détermination du sexe ?

REPONSE : Comme pour toute règle, celle de la détermination du sexe, dans l'espèce humaine, connaît des exceptions, heureusement très rares :

- Anomalies de la dotation chromosomique et de la répartition chromosomique, au niveau du noyau cellulaire.
- Anomalies dans la morphologie de l'appareil génital, comme dans l'hermaphrodisme, avec juxtaposition des organes reproducteurs des deux sexes chez une même personne…
- Anomalies dans le mode d'action des hormones sexuelles, réalisant, par exemple, le tableau du "testicule féminisant" dans lequel il y a contradiction entre le sexe chromosomique et son expression au niveau des organes. Ainsi, un individu de sexe chromosomique masculin peut présenter une morphologie féminine.
- Enfin, atteinte manifeste des organes génitaux du fait d'une intervention humaine. Ainsi par la castration chez l'homme ou par l'excision chez la femme….etc !

Tout cela concerne ce **qui est inscrit dans le corps de la personne**. Par contre, il peut n'y avoir aucune anomalie de constitution, mais, par contre, **au niveau du comportement sexuel,** une « discordance » avec le sexe réel de la personne, comme dans le comportement dit « homosexuel ».

<u>Question :</u> *La sexualité concerne-t-elle toutes les structures de la personne humaine ?*

<u>Réponse :</u> Les caractères liés au sexe font partie de deux des trois composants de notre personne, à savoir **notre corps et notre âme** (cf chapitre 1 du tome 1). Par contre, ils ne concernent pas notre esprit, qui n'est pas marqué directement par la sexualité.

Au niveau du corps les différences entre féminin et masculin sont en lien avec les « glandes sexuelles » (testicules et ovaires), par les produits que fabriquent ces glandes : outre les cellules sexuelles, elles produisent les hormones masculines et féminines. Il en résulte l'aspect caractéristique féminin ou masculin. Ces **différences sont orientées vers le rapprochement physique des corps,** dont la finalité est, tout à la fois la reproduction des individus et leur croissance en amour. L'expression de l'amour à ce niveau est appelée « **eros** ». **On est ici dans cette partie de la sexualité qui constitue la « génitalité ».**

Au niveau de l'âme corporelle, les sensations, l'imagination, la mémoire… contribuent à leur tour à un rapprochement des personnes des deux sexes, mais sur un plan qui est moins lié au corps que dans la génitalité.
L'attirance « amoureuse », à ce niveau, est moins « charnelle », dépend d'avantage de l'amour dit « **philos** » et s'éloigne de la génitalité.

En s'éloignant de la génitalité, le rapprochement entre deux personnes fait appel de moins en moins aux sensations et de plus en plus aux « sentiments » qui, eux, relèvent de **l'âme spirituelle,** influencée par l'esprit.
Au niveau de l'âme, dans ses deux parties, charnelle et spirituelle, il s'agit donc bien **d'amour « philos » et non plus « eros »** !

Mais c'est au niveau de l'esprit lui-même que naît l'amour « **agapé** », quand la personne ouvre à Celui « qui frappe à la porte » de son esprit (Apo 3, 20). Alors, l'Esprit de Dieu « saisit » cette personne. Il infuse à son esprit **la confiance d'amour** qui fait reconnaître Dieu comme Père et le prochain véritablement comme frère (cf Rm 8, 14-16). Ce n'est plus la sexualité qui est alors concernée chez celui qui est devenu ainsi « Temple de l'Esprit » (cf 2 Cor 6, 16 et 1 Cor 6, 19).

Amour eros, philos et agapé peuvent coexister ou être vécus séparément. Ils sont hierarchisés en ce sens que le Bonheur du Royaume nous viendra de l'amour agapé, préparé par la pratique de l'amour philos et éventuellement de l'amour eros, **car, si la sexualité concerne tous les humains, l'usage de la génitalité, lui, est facultatif.**

Autrement dit, à travers la **sexualité obligatoire**, à laquelle nul n'échappe, Dieu escompte notre progression en amour. A travers **la génitalité, dont l'usage est facultatif**, Dieu attend aussi la progression en amour de ceux qu'il appelle à vivre ainsi. Cela implique que l'amour "eros" que suscite cette génitalité, soit accompagné d'amour "philos et "agapé"!

Mais l'utilité évidente de la sexualité pour notre progression en amour cesse avec la mort. Lors de la résurrection des corps, dit Jésus, nous serons « comme les anges » (Mc 12, 25), en ce sens que, comme eux, **nous n'aurons plus besoin de la sexualité et encore moins de l'usage éventuel de la génitalité, pour une progression en amour.** Cette progression sans fin se fera, en effet, « automatiquement », puisque notre choix pour l'Amour aura déjà été effectif et définitif (comme cela l'a été pour les anges) !

Il s'avère donc que la sexualité est un moyen voulu par Dieu à la fois pour la transmission de la vie humaine et pour la croissance en amour des humains, deux objectifs conjoints, dont la réalisation devrait être, normalement, assurée au sein de la famille, structure voulue par Dieu.

C'est pourquoi nul ne doit se soustraire à sa sexualité !
Tous sont invités à l'utiliser, mais les uns avec la génitalité et les autres sans, puisque l'usage de cette dernière est facultatif.
La sexualité, en raison de son lien avec l'amour, est incontournable, dans le Plan de Dieu. Elle est tout à la fois, ouverture à l'amour et instrument d'amour.
On ne peut échapper à son sexe, masculin ou féminin. Vouloir abolir la sexualité, dont nous voyons l'importance dans le Plan de Dieu, c'est s'attaquer à ce Plan, donc

à Dieu lui-même, comme l'a fait Satan ! Chez celui-ci, le refus agressif de Dieu a toujours cherché à dévier de son but l'œuvre de Dieu qu'est la sexualité... pour mieux la détruire!

C'est pourquoi il est essentiel pour l'homme de gérer sa sexualité, dont sa génitalité, dans un sens conforme au Plan de Dieu, en connaissant ce Plan et en y adhérant librement.

QUESTION : Quel sens les humains peuvent-ils donner à leur sexualité, quelle place dans leurs préoccupations, leur vie, leur destinée ?

REPONSE : Il y a un lien évident et très fort entre le sens général à la vie et le sens donné à la sexualité car celle-ci est une donnée fondamentale de l'être humain.

Dans le début de ce livre, on a vu comment l'homme, dans sa liberté, pouvait accepter ou refuser le Plan de Dieu sur lui. En reconnaissant l'autorité de Dieu, source de l'Amour, l'homme accepte de se conformer à l'Amour à travers tout ce qu'il est, tout ce qu'il fait, toutes les capacités que Dieu lui a données. Parmi ces « capacités », il y a celle, immense, de la sexualité. Celle-ci est un moyen exceptionnel de croissance en amour **à travers, à la fois, l'attirance et la différence entre les deux sexes.**

Mais, comme tout moyen, la sexualité comporte **le risque de devenir un but en elle-même, aux dépends de** la croissance en amour. Dès lors, il est clair qu'un choix capital nous est offert :

- soit, dans la foi, faire confiance à Dieu comme étant source absolue de l'Amour. Il est alors logique de laisser à Dieu le soin de déterminer, dans le vécu de notre sexualité ce qui favorise l'amour et ce qui le détruit !
- soit de refuser l'autorité de Dieu en la matière, comme Adam et Eve, tombés dans la méfiance envers Dieu.

Ils ont alors décidé de trouver par eux-mêmes et en eux-mêmes ce qui leur apporterait le BONHEUR.
Ils ont donné à leur vie, dont la sexualité, une orientation contraire à l'amour, donc en opposition à Dieu, source de l'amour !

Mais l'homme peut méconnaître l'autorité de Dieu par erreur ou par ignorance. **D'où la nécessité d'une clarification au sujet de l'amour** (cf chapitre 2 du Tome 2) **quand on parle de sexualité.**
QUESTION : Comment se définit cette attitude de confiance qui nous fait éliminer de notre sexualité tout ce qui fait obstacle au Plan de Dieu sur elle, donc à l'amour véritable?

REPONSE : Cette attitude, c'est **la pureté.**
La pureté est une vertu positive (et non négative), qui consiste à lever tout obstacle à la volonté de Dieu sur notre personne et **particulièrement sur notre sexualité.**

Pour cela, il faut d'abord se reconnaître dépendant de Dieu, considéré alors comme le « **propriétaire** » **de toute notre vie,** dont notre sexualité. Ainsi, nous <u>sommes des « gérants » et Dieu est le « propriétaire » de notre sexualité:</u>
Or, nous avons **tendance à nous approprier** ce que Dieu nous a simplement confié (dans le but précis du service de l'amour), et à refuser d'en rendre compte
(Mt 21, 33-39)!

QUESTION:Comment nous comporter en bons gérants de notre sexualité ?

REPONSE : **Par la maîtrise de notre sexualité !**

Dans le cadre de la sexualité, nous avons une attirance normale vers les personnes de l'autre sexe.
Si nous vivons cette attirance **dans le sens de l'amour** et au service de celui-ci, nous aurons la maîtrise de notre sexualité, en conformité avec le Plan de Dieu.
Si nous vivons cette attirance au **service de nos convoitises** et non de l'amour (cf Tome 1 : le vieil homme), nous serons submergés par notre sexualité !
Cela dépend de nous, car nous sommes libres.

Mais la **maîtrise de notre sexualité** se construit. Elle exige effort et prudence, humilité et confiance en Dieu !

Cette maîtrise commence par le **renoncement à la satisfaction immédiate et complète de nos moindres désirs.** La maturation de notre personne passe par cette maturation du désir qui nous permet d'attendre le bon moment pour sa satisfaction légitime, de même que le moissonneur attend que le blé soit mur pour faire la moisson(Mc 4, 26-29).

Elle passe aussi par le **discernement des désirs** qui montent en nous (cf cheminement des désirs dans le chapitre 11 du tome 1).
Ce discernement nécessite aussi une vision réaliste de notre « position de vie », la recherche de « péché de structure » de notre société et d'autres facteurs influençant notre « conscience morale ».

C'est par la maîtrise de notre sexualité, en l'utilisant à plein dans le sens voulu par Dieu, que nous parvenons à **la chasteté**, qui est le vécu concret de la pureté **dans l'état de vie auquel Dieu a appelé chacun.**

La chasteté doit donc être vécue aussi bien dans le mariage que dans le célibat consacré (ou supporté), ou dans le veuvage!

Difficultés dans la maîtrise de la sexualité

Elles se manifestent au niveau de toutes les structures de la personne humaine :

1) On a vu que l'option d'être conforme au Plan de Dieu est prise au niveau de **l'esprit** de chacun. C'est donc à ce niveau que **se décide**, au final, la maîtrise, par chacun, de sa sexualité car c'est à ce niveau, celui de l'esprit, que la volonté va orienter la personne vers l'acceptation ou le rejet du Plan de Dieu sur sa sexualité.

2) Au niveau de **l'âme spirituelle**, c'est là que se manifestent les sentiments résultant de la position prise au niveau de l'esprit en faveur ou contre le Plan de Dieu. Ces sentiments profonds, s'expriment au niveau de la sexualité, comme la jalousie, l'envie, la rancune, la haine. Il s'agira alors de les changer en bienveillance, tolérance, respect, amitié, pardon, amour !

3) Au niveau de **l'âme charnelle**, on a vu qu'il existe normalement une attirance pour l'autre sexe, source de **sensations**, en provenance du **corps.**

D'où désir de rapprochement des corps pouvant aboutir à la **sensation** extrême de l'orgasme. Les sensations ressenties au niveau de l'âme corporelle influencent, bien entendu, l'âme spirituelle et l'esprit.

Cependant, cette **attirance** pour l'autre sexe peut, tout au moins consciemment, être minime, voir même inversée vers le même sexe, dans ce qu'on nomme **l'homophilie**. En cas d'homophilie, s'offrent deux possibilités :

- **soit donner satisfaction au désir** de rapprochement corporel avec le même sexe, pour y trouver les sensations recherchées. Cela malgré la discordance entre la réalité anatomique de chacun et le désir profond de concordance. Malgré aussi l'impossibilité, dans ce cas, de procréation naturelle et spontanée normalement désirée, sur le plan inconscient au moins, lors de tout « acte sexuel ».

Mais il y a, alors, dans ce « comportement homosexuel » une **tendance fréquente** à compenser cette difficulté de concordance par une accentuation de la composante érotique dans la relation.
Dans ce cas, les pulsions sexuelles **risquent de submerger la personne sans qu'elle en ait tout d'abord conscience,** entraînant alors une certaine violence, parfois proche de celle du viol, créant malaise et souffrance!
- **soit opter pour une recherche d'amour « philos », voir agapé**, en se tournant vers toutes les ressources de l'âme spirituelle et de l'esprit. Dans le concret, cependant, il s'avère difficile de se détacher totalement des pulsions érotiques, même s'il y a volonté de continence concernant un rapprochement corporel. Et cela malgré un développement efficace de relations au niveau de l'« âme spirituelle ».

En fait, une évolution vers un amour de ce type ne peut être réalisé que dans le cadre de **la « sublimation »** (qu'on verra plus loin).
Quelque soit l'option choisie par les personnes « homophiles », ce n'est pas sans souffrance qu'elles vivent les difficultés de la « discordance » mentionnée plus haut. Cela provient, en particulier, d'une tension entre l'aspiration à un amour « philos » ou « agapé », vécu avec un partenaire dans une fidélité qui voudrait être idéale et en même temps une certaine tendance à la « dispersion érotique », dont on a vu la cause et difficile à juguler.
On retrouve là, certes, des difficultés et souffrances survenant aussi dans la vie des personnes avec attirance et comportement dits « hétérosexuels ».
Les souffrances qui en résultent sont, de toutes façons, dans l'un et l'autre cas, dignes de compassion et non de condamnation des personnes. C'est dire qu'en la matière et dans les deux cas, **la "prévention" est hautement souhaitable**.
Pour autant, il reste encore beaucoup à faire pour élucider toutes les causes de distorsion entre le comportement sexuel des personnes et l'amour véritable en vue duquel nous avons été créés !

4) **Enfin, au niveau du corps**, la « maîtrise de la sexualité » est certainement facilitée par l'habitude de la soumission, à la volonté, des fonctions maîtrisables du corps, avec, entre autres, la pratique de l'exercice physique.
Tout cela, finalement, nécessite une certaine « hygiène de vie », qui est **l'ascèse**, avec le renoncement à certains désirs pour en satisfaire d'autres, jugés plus conformes au Plan d'amour de Dieu sur nous ! **C'est là, en fait, le propre de la sublimation.**

QUESTION : Qu'est-ce que la sublimation ?

REPONSE : C'est préférer renoncer provisoirement ou définitivement à la satisfaction d'un désir, pourtant légitime, afin de satisfaire un autre désir jugé, finalement, plus conforme à l'Amour, donc au Bonheur. Le renoncement en question est très variable. Il peut consister, par exemple, en l'ajournement du rapprochement génital des corps, ceci en vue d'une meilleure harmonie ultérieure.
Il peut être renoncement à l'usage de la génitalité, ce qui exige, bien entendu une gestion de la sexualité, sur les autres plans, qui soit une vraie progression de l'amour, positive **et non simple privation mal comprise et mal vécue !**
La souffrance immédiate résultant de la non-satisfaction du désir écarté vaut la peine d'être supportée par l'intéressé, **dans la perspective du bonheur à venir.** On retrouve là ce lien entre la foi et l'espérance, décrit par Paul dans la lettre aux hébreux au début du chapitre 11. La foi sous tend cette espérance d'un avantage plus grand pour l'avenir, obtenu en différant le désir. C'est bien aussi la sublimation qui est évoquée par Jésus, lors de sa controverse avec les pharisiens sur le mariage et la fidélité (Mt 19, 3-12).
Il déclare, en effet, que « tous ne comprennent pas cette parole » qui affirme la nécessité de la sublimation pour une sexualité et une génitalité orientées vers l'amour !

Personne n'échappe à la nécessité de la sublimation pour progresser en amour vers le Bonheur. **Mais ce sont donc les modalités de la sublimation qui varient selon l'appel de Dieu** à chacun, particulièrement en ce qui concerne son état de vie : conjugalité dans le mariage, vécu d'un célibat ou d'un veuvage imposés par les événements ou célibat « consacré »…. !

La sexualité apparaît dés lors comme un cadre qui s'impose à tous les hommes, dont Dieu a déterminé à la fois le but (le bonheur par la progression en amour) et les modalités à respecter dans son usage. L'une de ces modalités est l'orientation vers « l'autre », l'ouverture à « l'autre » et le renoncement au repli sur soi.

QUESTION : Le vécu « spontané », sans règle, de la sexualité, comporte-t-il un risque de repli sur soi ?

REPONSE : Depuis la « cassure », avec Dieu, d'Adam et Eve, notre sexualité nous porte fortement vers le **repli sur nous-même, avec refus du don, de la dépendance…de l'amour!** Ceci se manifeste souvent au niveau de la génitalité quand elle est déviée de sa raison d'être : l'ouverture à l'amour. Elle devient alors source d'égoïsme, d'emprise, voir de perversion. D'où l'appréciation négative de la « masturbation solitaire » (surtout si elle est une fuite du « risque » de l'autre sexe et de repli sur soi). Mais aussi, danger d'un comportement génital irrespectueux de l'autre….ou des autres (dans la pratique pornographique par exemple), menant facilement à la perversion sexuelle quand il y a recherche du « plaisir » d'abaisser l'autre. Toutes ces déviances sont une atteinte à la sexualité dont elles déforment la beauté et l'importance du rôle positif dans le Plan de Dieu.
Une atteinte beaucoup plus subtile à ce Plan est la « négation » même de la sexualité qui se cache derrière la théorie du « Gender » ou derrière le « mariage » homosexuel ! A travers cette négation, c'est celle de l'existence même de Dieu qui se démasque, ainsi que la revendication, par l'homme, de fixer lui-même le Bien et le Mal….en prenant la place de Dieu,!

CHAPITRE 6

DERIVES DU SENTIMENT DE CULPABILITE / INDIGNITE

Nous avons vu (Tome 1 chap 6), comment s'installait en nous **la conviction que nous n'étions pas aimés à la hauteur de notre besoin fondamental de l'être** ! On a vu que cette conviction était **erronée** et qu'elle occasionnait d'importants dégâts. En réalité, nous sommes aimés par Dieu d'un amour infini, même si nous l'ignorons ! Mais la cassure dans la relation entre l'humanité et Dieu, du fait de l'homme, a empêché celui-ci de se rendre compte de l'amour de Dieu pour lui. Au contraire, l'homme s'est laissé convaincre par Satan, l'ennemi de Dieu, que le manque d'amour ressenti par lui correspondait à **un défaut d'amabilité, provenant de sa nature même, dont Dieu serait alors responsable !** L'homme s'est donc persuadé (sur le plan inconscient), qu'il était **indigne d'être aimé** et « **coupable** » de **porter, dans son être**, une tare l'empêchant d'accéder à l'amour. C'est le "sentiment de culpabilité/ indignité"!

Or, l'homme doit, comme Jésus le lui recommande (Mc 12, 28-34), parvenir au **bonheur en progressant en amour par des actes d'amour** et non en recherchant, par des moyens détournés et malencontreux, à gagner une « amabilité », qu'il a déjà, puisqu'il est « image de Dieu » !

Mais l'homme a toujours la hantise de ne pas recevoir son « quota » d'amour ! De ce fait, ses réactions habituelles sont celles du « vieil homme » insatisfait (cf Tome 1, chap 7). Il faut donc passer à « l'homme nouveau » (cf Tome 1, chap 8), dés que l'on a compris les erreurs du " vieil homme".

Se rendre compte de nos erreurs devrait être normalement facile, quand le lien entre elles et les situations de souffrance qu'elles engendrent est évident. Par exemple quand la satisfaction effrénée de nos convoitises se solde par une désillusion, un vide affectif, un goût amer de vie gâchée, nous comprenons que c'est le résultat de notre comportement.

C'est plus difficile de relier l'effet à la cause quand c'est le « sentiment de culpabilité/indignité » qui est en cause dans les troubles du comportement!
En effet, nous ignorons, le plus souvent, que c'est ce sentiment qui est à l'origine de l'angoisse latente née de notre insatisfaction en amour!
Comme pour toute angoisse, nous n'avons pas vraiment conscience de ce qui l'a provoquée.

D'où l'importance d'étudier ces "dérives du sentiment de "culpabilité/ indignité" qui sont bel et bien la cause de beaucoup de nos malheurs.

Mais, avant même de les étudier, nous devons connaître **les deux sortes de réactions, opposées, suscitées en nous par l'angoisse**, que ces dérives prétendent apaiser.

-1<u>) Soit, pour gagner notre "quota d'amour", nous comptons sur nos seules capacités</u> et sur une volonté efficace pour arriver à aimer en faisant des efforts surhumains….mais en oubliant que la source d'amour….c'est Dieu. Cette attitude constitue le "point d'orgueil").

-2) Soit nous acceptons d'<u>accueillir, d'abord, l'amour venant de Dieu</u>, dans notre pauvreté, notre faiblesse et nous le laissons opérer en nous la transformation de notre « point d'orgueil » en humilité.

Il s'agit pour nous de remplir d'amour le fragile vase d'argile que nous sommes. **La plupart du temps, nous choisissons la première option** et nous nous épuisons, en vain, à remplir notre vase, mais le niveau ne monte pas. A partir de là, il y a encore **deux réactions différentes possibles** :

- Niant la réalité, je ne vois pas mon échec. J'entre dans l'illusion de la réussite et me persuade que je suis donc **quitte avec Dieu** :
j'ai accompli ce que Dieu me demandait : « j'ai pas tué, j'ai pas volé, je suis honnête et ne fais du tort à personne ». Comme le pharisien devant le publicain, je présente avec fierté mon bilan devant Dieu. Je suis dans l'orgueil, la position « sauveteur » et l'illusion, toutes choses qui encombrent mon vase. Devant tous, je pose en « homme bien » ! Mais ce n'est pas du tout d'amour que mon vase est rempli. Je suis dans une situation bloquée !
- Ou bien, je reconnais l'échec de mes **tentatives pour aimer par mes seules forces !** Ce peut être le début d'une vraie « conversion » et d'un « nouveau départ, dans l'humilité, la confiance, l'amour.
Mais, si ma confiance est insuffisante, l'angoisse va se renforcer et m'habiter en permanence.

Alors, j'essaie, **inconsciemment**, de trouver le moyen de me protéger de cette angoisse et je remplis mon vase avec ces **dérives de mon sentiment de culpabilité/indignité**. Je crois qu'avec cela je serai quitte avec Dieu, en paix avec lui et avec moi-même. Mais, en réalité, **si j'ai refusé, sans m'en rendre compte, d'accueillir d'abord l'amour venant de Dieu**, je deviens prisonnier de ces dérives. Quelles sont ces dérives ?

Il faut les identifier, afin de les combattre de la bonne façon. Et, pour cela, il faut d'abord **mettre à jour le sentiment de culpabilité / indignité en cause. Il faut ensuite le combattre efficacement, ainsi que ces fameuses dérives.**

LES DIFFERENTES DERIVES

LE LEGALISME

PORTRAIT D'UN LEGALISTE

Germain, 42 ans, est chef du bureau d'état civil à la mairie.
Il est le troisième d'une fratrie de 4. Sa mère, femme au foyer, était effacée devant un père, militaire de carrière avec un grand sens du devoir qu'il a inculqué à ses enfants par une éducation assez rigide et autoritaire. Germain est toujours entré dans ce moule éducatif, sans problème apparent, même à l'adolescence. Au cours de celle-ci, il a émis un désir transitoire de devenir prêtre, abandonné lorsqu'il a fait la connaissance de Rosemay avec laquelle il s'est marié dés la fin de ses études et dont il a eu trois enfants.

Il a toujours été exigeant vis-à-vis de lui-même, mais aussi des autres, dont sa femme et ses enfants !

Il est d'une conscience professionnelle exemplaire, apprécié par ses supérieurs mais redouté par ses subordonnés qu'il soumet à un **respect absolu du règlement** ».

Il en est de même avec ces autres « subordonnés » que sont à ses yeux sa femme et ses enfants, lesquels ruent dans les brancards. Il est sur de lui, grâce à sa connaissance et son respect de la Loi qu'il connaît parfaitement. Jamais ne se laissera fléchir pour faire, en faveur de qui que ce soit, une entorse au règlement ! Il est donc très fort pour contre-attaquer tout imprudent qui lui reproche de contourner la Loi. Il est alors sans pitié ! Sur le plan religieux, il est strict sur l'observance de ses "devoirs"...et de ceux des autres! Au besoin, il en « rajoute même », par exemple sur le jeûne qu'il s'impose fréquemment à lui-même.... ainsi qu'à sa famille !

C'est dire l'étonnement de tous, le jour où il s'est avéré que Germain avait fait une erreur dans la rédaction d'un acte important d'état civil. Dans un raptus d'angoisse il a fait une réelle tentative de suicide, heureusement déjouée par sa femme qui, le connaissant, avait prévu sa réaction, l'a sauvé et accueilli avec amour .... ne lui faisant aucun reproche !

C'est ce qui a permis à Germain de se faire accompagner sur le plan psycho spirituel pour éliminer son sentiment de culpabilité/indignité et sa dérive "légaliste".

ANALYSE DU LEGALISME

La préoccupation majeure du légaliste est **d'être irréprochable par rapport à la « Loi »**. De cette façon, avec cette garantie de bonne conformité à la Loi, il se croit à l'abri de toute suspicion d'avoir été coupable de quoi que ce soit, suspicion venant de lui-même ou des autres, ou encore de Dieu, pense-t-il. Il va employer toute son énergie à **respecter la Loi**, afin de **ne plus se sentir coupable et anxieux de la transgresser**.

Inconsciemment, il va se persuader que sa conformité à la Loi lui procure une « innocence » par rapport à cette **malfaçon de non-amabilité dont il croit être atteint !**

La Loi à respecter peut être intérieure : c'est le légaliste qui l'a établie, mais sous la pression de ses parents, de son milieu. En conformité avec un **idéal de vie**, elle s'est imposée à lui, sans même, parfois, qu'il s'en rende compte. Elle a ses exigences, souvent très fortes, concernant la façon de se comporter dans toutes les circonstances de la vie. Il peut en devenir le véritable esclave.

Cette Loi peut être extérieure : elle s'impose à lui sous la forme d'un règlement bien codifié, comme, par exemple une règle monastique, un règlement militaire, administratif...voir ecclésiastique. En fait, il a volontairement adhéré à cette Loi, mais il pousse son observance à un point tel qu'on ne puisse lui reprocher de désobéir. Il va même « en rajouter » pour être bien sur qu'il est « irréprochable » **et calmer ainsi l'angoisse qui l'habite.**

L'erreur fondamentale du légaliste c'est de s'être mis en relation avec une Loi et non avec son prochain, les personnes en chair et en os avec lesquelles Dieu l'appelait à nouer une relation d'amour. Il y a là un manque, une sorte de refus d'amour concret, au bénéfice de **cette idole** qu'est devenue pour lui la Loi !

Il est passé à côté de sa véritable vocation qui est **l'amour de Dieu et du prochain!** Les efforts, parfois surhumains, qu'il s'est imposé pour être conforme à la Loi doivent, pense-t-il, lui valoir **des mérites** qui, dans son idée, lui permettront de se présenter les mains pleines, avec assurance, devant Dieu, comme un « juste » ! Erreur ! Ce ne sont pas les œuvres de la Loi qui justifient...mais **la foi, dont la base est la confiance en Dieu** (Rm 3,20). Le légaliste, au fond, n'éprouve pas la nécessité d'un Sauveur, puisqu'il pense être justifié par sa seule observance de la Loi. Ainsi, il ferme son cœur à la miséricorde, à la gratuité du don de Dieu.

Le strict respect de la Loi est si vital pour lui **qu'il ne se pardonne pas le moindre écart.** Si quelqu'un lui pointe une erreur qu'il a commise, il ne le supporte pas et contre-attaque vigoureusement en niant cette erreur et en accusant à son tour.

Son cœur endurci juge et condamne les autres ! Se justifier immédiatement contre toute évocation d'erreur est caractéristique du légaliste !

Non content de s'enfermer lui-même, le légaliste enferme les autres dans un réseau d'obligations futiles : « tu dois faire ceci, tu ne dois pas faire cela ! » « il lie sur les épaules des autres des fardeaux…. ».

En fin de compte, c'est « sa loi » que le légaliste s'impose à lui-même et aux autres, dans une rigidité insupportable. Ce n'est absolument pas la Loi d'amour du Christ !

La Loi est faite pour l'homme, lequel doit, par la confiance en Dieu et la foi, accéder à la Loi d'amour de la Nouvelle Alliance, accomplie par Jésus et en Lui (Mt 5, 17-19).
L'amour prime sur le code moral, lequel devrait être à son service et non l'inverse.

COMMENT VAINCRE LE LEGALISME ?

Parce que l'angoisse est sous-jacente, il faut **éviter un traitement brutal** du légalisme, qui pourrait entraîner un débordement incontrôlable de cette angoisse : suicide par exemple !

Au contraire, il sera nécessaire, la plupart du temps, d'opérer sous contrôle et traitement psychiatriques (anxiolytiques).

On explorera les causes qui ont favorisé ce choix de fuir l'angoisse pour se réfugier sous la fausse protection de la Loi. On les retrouve souvent dans la façon dont la personne a été éduquée : rigidité éducative du père ou de la mère ou des deux, un idéal du moi trop sévère inculqué à l'enfant et adopté par lui, que ce soit par peur ou désir de ressembler à un modèle exagéré. Il en est résulté un renforcement du « surmoi » qui multiplie les interdits et brime la personnalité.

La relation à Dieu s'en trouve altérée, avec image d'un Dieu qui ne pardonne aucune faute, aucun écart, aucune erreur, aucun péché !

Il est important de lutter contre le légalisme car il a tendance à se renforcer au cours des années et peut mener à la paranoïa qui réalise un blocage de la relation quasi irréductible.

LE PERFECTIONISME

PORTRAIT DE PERFECTIONISTE

Morgane, 62 ans, est le type de la bonne maîtresse de maison. Elle veille à ce que, chez "elle", tout soit parfait: il n'y a pas un brin de poussière, on pourrait déjeuner sur les carreaux de la cuisine. D'ailleurs, il est difficile de l'aider, car elle craint l'incompétence ou la négligence des candidats de bonne volonté…qui finissent par renoncer. Dans le salon, les patins invitent au respect de ce véritable miroir qu'est le plancher. Et tout à l'avenant, dans son couple, dans sa famille, dont les enfants ont pris leur autonomie…avec un certain soulagement!

L'ambiance, en effet, n'est pas drôle et ne laisse guère de place aux innovations, à l'originalité et, finalement, à la joie. Il règne un climat d'ennui sur fond de critique sévère vis-à-vis de ce que Morgane taxe de "laisser aller" chez les autres. Son mari, Jules, 63 ans, est finalement entré dans ce moule conjugal et familial devenu carcan. Le couple n'a plus d'intimité et celle qu'il a connue jadis est restée superficielle. Ils ont eu deux enfants, maintenant mariés et parents à leur tour. Mais les rencontres familiales sont toujours, semble-t-il, source d'angoisse chez Morgane qui se croit toujours la cible de choix des "pièces rapportées" et qui redoute le "désordre" des petits enfants, beaucoup trop turbulents alors qu'elle les veut parfaits!

Morgane est malheureuse et déprimée!

ANALYSE DU PERFECTIONISME

Désir d'être irréprochable, invulnérable au regard des autres. Ici, il y a relation avec des personnes, avec les autres. **Ce n'est plus la Loi qui est le repère, mais c'est ce que les autres pensent de moi.**

Je désire que l'autre me trouve aimable. Mais comme je suis loin d'être parfait, je ne suis pas aimé des autres autant que je le voudrais. **<u>Donc, je vais essayer d'être parfait !</u>**

C'est cela mon système de protection contre l'angoisse venant de **mon désir insatisfait d'être aimé.** Comment effacer les nombreuses taches qu'il y a sur moi? Cela s'avère impossible!

La vanité de mes efforts me précipite vers la déprime : je ne corresponds pas du tout à mon idéal. Mon imperfection et celle des autres me heurtent et me désolent! Mes exigences font le vide autour de moi. En fait, je refuse **mes limites, ma faiblesse : je n'accepte pas mon imperfection…ni celle des autres!**

Surtout si je prends à la lettre la recommandation de Jésus : « soyez parfaits comme votre Père céleste est parfait ! ». Je prends pour une obligation impérative immédiate ce qui est en réalité un but, encore éloigné, à rechercher ... avec patience.

C'est l'acceptation de mes limites, de mes imperfections, qui me permettra d'accepter les autres dans cette faiblesse que je partage avec eux. C'est à travers elle aussi que je vais accepter de participer à la passion de Jésus, marquée par la faiblesse de sa nature humaine devant la souffrance.

La sainteté n'est pas la perfection. Elle est, au contraire, l'alliance de notre faiblesse avec la compassion du Seigneur. Il en résulte que le véritable saint, lorsqu'il prend conscience des taches qu'il porte, se réjouit de les avoir trouvées pour les confier, dans le repentir, à la miséricorde de Dieu. « Là où le péché abonde, la grâce surabonde ».

COMMENT VAINCRE LE PERFECTIONISME ?

1)-Bien comprendre la différence entre sainteté et perfection.
2)-Accepter, à travers mes faiblesses et celles des autres, de « participer » à la passion du Christ.
3)- Voir et rejeter les connivences qui sont derrière le refus de la vulnérabilité et qui peuvent aller, sans que l'on s'en doute, jusqu'à vouloir « être comme des dieux » (Gn 3,5).
4)- Arrêter de faire des bilans de mes actes, de mes taches et de celles des autres, car la véritable sainteté refuse de se juger (1 Cor 4, 3-5).
5)- Accepter d'entrer, pour un temps, dans l'angoisse d'être dans l'imperfection. C'est un « traitement paradoxal » qui peut aider à amorcer la guérison **en faisant confiance à Dieu.**

MALADIE DES SCRUPULES

HISTOIRE D'UN SCRUPULEUX

Norbert, 28 ans, s'est enfin décidé à épouser Nicole, 26 ans, après une fréquentation de plusieurs années, marquée par des hésitations avec "allers-retours" vers elle, qui, de son côté, commençait à se fatiguer de cette situation.

Pourtant, Norbert se montrait très attentionné vis-à-vis d'elle, se reprochant ouvertement de ne pas être assez à son écoute, assez attentif à ses moindres besoins, parfois même gauche et, disait-il, égoïste...bref, en "rajoutant un peu trop" sur le chapitre de ses manquements, selon l'opinion de ses amis et de sa famille qui lui enjoignaient de ne pas se reprocher ces peccadilles si courantes dans "tous les couples". A vrai dire, l'entourage de Norbert le connaissait bien depuis longtemps comme très exigeant avec lui-même, avec les moindres détails de ce qui caractérise un "honnête homme". Tout le monde s'est donc réjoui qu'il mette de côté ses **incessants scrupules** et son affirmation de n'être pas assez "bien" pour Nicole!

Tout allait donc, enfin, pour le mieux et la lune de miel était déjà passée quand éclate comme un coup de tonnerre la dure constatation de l'adultère de Norbert avec une femme de son entreprise.

Dés le premier entretien d'accompagnement de Norbert, il est clair que celui-ci subodorait sa fragilité sur le plan de la fidélité et qu'il la redoutait. Cette **fragilité extrême** du côté fidélité apparaît alors comme le vrai problème de Norbert, beaucoup plus préoccupant que le fatras de ses scrupules. Ceux-ci n'ont joué qu'un rôle d'écran vis-à-vis du vrai problème. Mais pourquoi y avait-il impossibilité (inconsciente) de regarder en face le vrai problème?

C'est "l'anamnèse" qui a mis en lumière l'incident initial!

Jeune adolescent, Norbert avait eu grande envie d'un appareil permettant des "jeux super". Succombant à la tentation, il avait volé à ses parents l'argent nécessaire. Mais touché par le repentir, il leur avait avoué le larcin, exprimé son désir de réparer et demandé pardon. Sans même attendre la fin de ses explications, son père lui avait donné la "rossée de sa vie" devant toute la famille.

La honte bue jusqu'à la lie avait alors déterminé chez Norbert une association inconsciente entre aveu et repentir, d'une part et rejet dans la honte invivable d'une punition jugée injuste. D'où la détermination, **inconsciente** de la mise en avant, désormais, de peccadilles pour détourner l'attention d'autrui et de lui-même de tout problème important non résolu le concernant et susceptible d'entraîner une **sanction insupportable**!

Le comportement habituel de Norbert relevait bien d'une "maladie des scrupules". Bien entendu, il a fallu ensuite s'attaquer au problème de ce qui était une véritable "pulsion d'adultère"....!

ANALYSE DE LA MALADIE DES SCRUPULES

Alors que dans le légalisme il s'agissait d'être **irréprochable par rapport à la Loi** et dans le perfectionnisme, **irréprochable par rapport au regard des autres**, ici, il faut être irréprochable par rapport à sa propre **conscience qui ne saurait supporter l'aveu de ce qu'il y a au fond d'elle-même**

C'est une hyper accusation abusive de fautes dont on s'accuse, mais qui sont, en réalité, sans importance. Le but, **inconscient**, est de camoufler une tendance, voir un dérapage beaucoup plus grave, mais que nous ne saurions ni voir ni avouer, de crainte d'une sanction douloureusement expérimentée autrefois. Cela s'accompagne forcément d'un doute sur **notre amabilité et de tentatives d'entendre les autres nous rassurer sur nous-même.** C'est bien ce que font les autres, d'ailleurs, en nous disant de ne pas faire un compte avec ces peccadilles dont nous faisons trop de cas ! D'où viennent ces scrupules ?

Cela provient de ce que, dans l'enfance en général, on n'a pas reçu un pardon, demandé de bonne foi, pour une certaine faute et qu'au contraire, **on a subi une punition jugée injuste !**

En raison des conséquences catastrophiques de l'aveu, il n'est plus question de dire la vérité et l'inconscient trouve une porte de sortie pour calmer l'angoisse d'une culpabilité inavouable.

Cette porte de sortie, c'est de trouver des fautes dont l'aveu soit possible puisqu'elles sont sans importance, ridicules ou même imaginaires.
L'attention, mobilisée sur celles-ci, devrait chasser l'angoisse qui, en profondeur, correspond à des choses plus graves mais inavouables ! En réalité, cette personne entre dans une **véritable dépendance aliénante par rapport au regard déformé et péjoratif qu'elle a sur elle-même** et n'évite pas l'angoisse.

COMMENT VAINCRE LA MALADIE DES SCRUPULES

Il s'agit de montrer à la personne le vrai regard que Dieu a sur elle : cette personne est d'abord **merveille aux yeux de Dieu !**
C'est cela la caractéristique même de son être et non ce qu'elle fait et qui, parfois, est péché car refus d'amour.

Elle ne doit pas confondre ce qu'elle est et ce qu'elle fait. Dieu l'aime….malgré son péché dont elle n'a pas à éviter l'aveu par crainte qu'on ne la trouve plus aimable ! **C'est dans l'aveu qu'elle doit réaliser l'amour de Dieu pour elle et être rassurée sur son amabilité, mais dans l'aveu de ce qui ne va vraiment pas en elle et non dans celui** de fautes imaginaires !

Il est important de pouvoir retrouver le ou les épisodes qui ont engendré tout cela, pour éclairer la personne et faciliter sa libération !

LE REMORD

HISTOIRE D'UN REMORD

L'histoire qui va suivre est tellement typique, presque stéréotypée, que certaines personnes croiront peut-être s'y reconnaître. Ce ne serait que coïncidence fortuite car on a évité soigneusement toute référence à qui que ce soit!
Justine a eu avec son mari, un garçon qu'ils ont accueilli avec joie. Par contre, quand, peu après, Justine s'est trouvée à nouveau enceinte, sans l'avoir voulu, elle a paniqué littéralement et décidé de se faire avorter. L'attitude de son mari, face au problème, lui a paru ambiguë, car il l'a « laissée faire », alors qu'elle attendait, en fait, qu'il la dissuade.

Bref, après l'avortement et le soulagement transitoire d'être délivrée de son problème, Justine a commencé à ressentir un malaise persistant, lancinant. Mais celui-ci s'est transformé bien après en cauchemar quand est survenu un drame inattendu : profitant d'une absence de surveillance, son petit garçon s'est noyé dans la piscine !

La perte de cet enfant a suscité une contestation mutuelle dans la responsabilité de la négligence de surveillance, mettant à mal la solidarité du couple. Mais surtout, Justine a tout de suite fait un rapprochement entre son avortement et ce drame qu'elle a **interprété comme punition** de la part de Dieu.

Dés lors, elle a été partagée entre remord et agressivité contre Dieu. Elle a confessé son « péché d'avortement », mais, malgré l'assurance donnée de l'absolution, elle s'est crue « impardonnable », aucunement soulagée par la répétition de confessions, insatisfaisantes, du même avortement !

Centrée sur sa culpabilité, elle ne voyait que son besoin de « délivrance ». Quand elle a, confidentiellement, exposé sa souffrance, il a fallu renverser complètement sa vision du problème et lui montrer que c'était elle qui en détenait la solution. En effet, elle refusait jusque là à Jésus la joie de la retrouvaille de la pauvre brebis perdue et blessée qu'elle était (Luc 15).
Maintenant, elle doit prendre conscience de ce que, lors de son agonie au jardin des oliviers, Jésus avait été **soutenu**, dans sa lutte ultime, par la certitude qu'il avait eue, de ne pas souffrir en vain et par la certitude de **l'acceptation, par elle Justine (entre autres) d'être pardonnée**. Ainsi, la souffrance de son Sauveur n'aura pas été inutile, grâce à elle....si elle le voulait bien, par amour pour Jésus....qui s'avérait ainsi **demandeur...par amour**, au point de faire d'elle sa « consolatrice » : renversement inespéré des rôles, montrant de quel amour Justine était aimée !

Le sentiment de culpabilité / indignité à l'origine de toute cette souffrance a pu ainsi être vaincu et sa dérive de « remord » également !

Entrant alors pleinement dans cette perspective, Justine a vu disparaître son remord, remplacé par un repentir de "douloureuse joie" qui, dans une relation à Dieu entièrement nouvelle, a totalement changé sa vie !

ANALYSE DU REMORD

C'est une auto punition qui est la **contre façon du repentir**. La séquence qui amène au remord est la suivante :

le besoin fondamental d'être aimé et d'aimer a été heurté fortement, chez quelqu'un qui a commis un refus d'amour sous forme de péché. Cette personne, écartelée entre l'idéal qu'elle aurait dû suivre et la réalité de ce qu'elle a fait, s'en veut à elle-même d'avoir « chuté » et **se punit elle-même en se convainquant que sa faute est impardonnable. Mais elle en veut aussi à Dieu qui a « permis » qu'elle chute et elle refuse à Dieu la possibilité de lui pardonner.** Elle tire sa vengeance sur Dieu et sur elle-même à travers son sentiment de culpabilité et s'enfonce dans la spirale du désespoir.

La persistance de cette attitude renforce la conviction d'être impardonnable en même temps que celle d'être victime, **d'où, à la fois, déprime et revendication**.
Souvent, le remord s'exprime par une tendance à toujours retourner dans le passé, surtout si c'est un passé malheureux.

COMMENT VAINCRE LE REMORD ?

Puisqu'il y a, initialement, une blessure du besoin fondamental, il faut favoriser la **reconnaissance, par l'intéressé, de son désir infini d'être aimé et d'aimer**. L'impression d'être repoussé, non aimé de Dieu doit être remise à son niveau réel de **sentiment subjectif,** sans rapport avec la réalité qu'est l'amour infini de Dieu pour les pécheurs que nous sommes.
Il faut faire découvrir que Dieu, dans la Bible et particulièrement dans les évangiles, exprime son désir **intense que nous Lui donnions la joie de pouvoir nous pardonner**. On peut revenir sur le texte si poignant du récit de l'agonie à Gethsémani où Jésus vient par trois fois **supplier ses apôtres de l'aider en priant et de participer ainsi à son œuvre de salut.**

Celui qui est dans le remord peut alors réaliser que **Jésus l'interpelle aussi pour lui demander sa participation à l'œuvre du salut en acceptant d'entrer dans le repentir, en acceptant de se laisser aimer**…ce qui correspond à ce qu'il a au plus profond de lui-même .

A partir de là, il reste à relire sa propre histoire, tout son passé avec les chutes, les faiblesses, comme étant « l'histoire sainte » du salut.

CONCLUSION DES DERIVES

Toutes les dérives du sentiment de culpabilité prétendent retirer l'angoisse mais **ne font que renforcer le sentiment de culpabilité/ indignité et empêchent d'arriver à la liberté des enfants de Dieu**. Elles déresponsabilisent car elles ne permettent pas de se remettre en cause et donc de progresser dans l'amour à travers notre faiblesse et notre péché, dans la compassion et la miséricorde de Dieu. Elles entraînent à la fois un immobilisme et la survenue de névroses :

Névrose d'angoisse, phobique, obsessionnelle, hystérique... voir même, parfois, de psychoses!

CHAPITRE 7

LE PARDON

DEFINITION

Le dictionnaire Larousse le définit comme "la rémission d'une faute, d'une offense". **C'est donc rétablir dans son état normal, une relation altérée, blessée par une offense.**

Or, quand la relation a été blessée, c'est aux deux bouts de cette relation que le pardon doit intervenir. L'offenseur devra solliciter le pardon et l'offensé devra l'accorder.
Autrement dit, la miséricorde, qui est le moteur du pardon, est à **double entrée**, l'une pour le pardon à donner, l'autre pour le pardon à solliciter.

La remise en état de la relation concerne son rétablissement dans l'amour, car celui-ci, qui est la base normale des relations entre personnes, selon le Plan de Dieu, a été blessé, d'une façon ou d'une autre, par ce qui s'oppose à l'amour, à savoir, le "mal"!
Toutes les "personnes" sont concernées par le pardon : toutes les créatures humaines et angéliques et, bien entendu, DIEU, leur Créateur, source trinitaire de l'amour!
Or, toute atteinte à l'amour représente **une altération de la création**, puisqu'elle va à l'encontre du Plan de Dieu concernant cette création. Elle va à l'encontre de la destinée de bonheur par l'AMOUR, prévue par Dieu, dans son Plan, pour nous tous.
Le pardon, puisqu'il se propose de rétablir la relation d'amour prévue par Dieu, est donc une **véritable re-création.**

D'ailleurs, le baptême, qui nous fait adhérer au Christ et obtenir le pardon de tous les péchés, fait de chacun de nous une **"création nouvelle"**, comme le dit Paul (2 Cor 5, 17: "Aussi, si quelqu'un est en Christ, il est une nouvelle créature").
Dieu, par la création, a fait l'homme libre. Par le pardon, il le rétablit dans la liberté véritable des enfants de Dieu.
En donnant et en sollicitant le pardon, chaque homme peut choisir d'être à nouveau pleinement libre.
En retrouvant la confiance (base de la foi), nécessaire au pardon, tout homme devient également juste au regard de Dieu et peut alors suivre vraiment le Christ vers le Royaume!

C'est dire que le pardon, pour l'homme, n'est pas facultatif, mais **indispensable,** comme le rappelle Jésus dans l'explication qu'il donne de la prière du "Notre père" (Mt 6, 14-15).

LES BLESSURES
(cf Tome 1, chap. 5, p. 36, 37)

QUESTION: Que sont ces blessures qui vont nécessiter le pardon ?

REPONSE:Les blessures sont les conséquences d'agressions **provoquées directement ou indirectement par le "mal" dans son opposition à l'amour.**

Les dommages occasionnés chez l'homme par les blessures concernent:

- le corps, cible facile pour la violence agressive,
- l'âme corporelle, au niveau des sensations, qu'elles perturbent,
- l'âme spirituelle, au niveau des sentiments, qu'elles modifient,
- l'esprit, au niveau du besoin fondamental **d'être aimé**, bafoué par l'agression blessante. De plus, le **besoin d'aimer** est lui aussi, à ce niveau, contrarié par l'altération de la relation!

SURVENUE ET CONSEQUENCES DES BLESSURES

QUESTION:Pourquoi et comment les blessures entraînent-elles ces dégâts?

REPONSE: On vient de voir qu'à l'origine des blessures, il y a un refus d'amour, flagrant ou masqué. Ce déni d'amour **va à l'encontre de notre besoin fondamental d'être aimé et d'aimer** et atteint les différentes structures de notre personne!

Le refus d'amour, à première vue, est le fait de celui qui a l'initiative de l'action blessante, s'il accomplit celle-ci **en toute connaissance de cause,** pour "faire du mal". Mais il se peut aussi que telle n'était pas son intention.

C'est alors du "blessé" que vient l'atteinte à l'amour **si ce dernier accuse "l'agresseur",** d'avoir agi avec **mauvaise intention, par haine,** en provoquant les blessures en question.

Pire encore, l'accusation d'avoir provoqué des blessures peut être totalement infondée si, en réalité, la soi disant victime n'a nullement été agressée!

Les hommes n'ont pas toujours conscience de l'importance du choix contre l'amour qu'ils ont fait, car cela peut venir plus d'un manque d'amour que d'une méchanceté notoire.

Cependant, il en découle des conséquences **automatiques** pour les autres et pour eux!

A travers la parabole du "jugement dernier"(Mt 25, 31-46) (cf Tome 1, chap 4, p 25 et 32), Jésus nous montre comment l'indifférence au prochain altère notre relation à Dieu.

L'indifférence à l'égard du prochain et, plus encore, le rejet, la haine, réalisent rejet, haine, indifférence **à l'égard de Dieu lui-même. La place que nous accordons à** l'amour du prochain est en proportion de celle que nous accordons à l'amour de **Dieu** et manifeste le cas que nous faisons ou pas du Plan d'amour de Dieu sur ses créatures.

REACTIONS AUX BLESSURES

Dans un premier temps, elles sont différentes chez l'agresseur et l'agressé, mais peuvent ensuite se rejoindre.

Une agression provoque, chez le" blessé" **une colère.** Cette colère est un cri de scandale, devant cette agression qui ne devrait pas être. En tant que tel, cette colère est donc normale. Mais il faut trouver une porte de sortie. C'est alors que s'offre un choix capital, un choix entre deux sortes de "justice", comme solution à "l'injustice" de la blessure: **Soit celui de la "Justice des hommes", soit celui de la "Justice de Dieu".** Ce que, spontanément, nous avons tendance à choisir, c'est la "justice des hommes"!

LE CHOIX DE LA JUSTICE DES HOMMES

C'est celui des scribes et des pharisiens, dont parle Jésus (Mt 5, 20). C'est celui de rendre le mal pour le mal, d'ajouter à la colère **l'agressivité** qui amène à la révolte et provoque haine et rancune.

Jésus ajoute qu'un tel choix ferme l'accès au Royaume de Dieu!

Sous l'action de la blessure, l'état de quiétude de notre « lac intérieur personnel tranquille » va se modifier, une agitation apparaître, une tempête survenir. L'**irritation** est permanente, d'abord intérieure, puis extériorisée, retentissant sur l'entourage. C'est quand nous prenons conscience du choix à faire entre « justice des hommes » et « justice de Dieu » que se place, avec l'attrait de la première, la tentation du mauvais choix, **du péché, puisqu'il s'agit d'un refus d'amour** ! Si nous succombons à la tentation, alors nous perdons notre liberté pour devenir esclave de notre haine et, **de victime que nous étions, nous devenons agresseur. Nous entrons dans:**

LE CERCLE DE LA HAINE

Notre comportement change : à la fois excitation, parfois provocation, mais aussi peur, repli sur soi, méfiance généralisée. Nous sommes habités en permanence par **le souvenir omniprésent** de :

- l'offense subie : elle renforce notre "sentiment d'indignité" puisque nous avons été humiliés. Elle nous enferme dans un rôle de « victime ». Elle nous fait réclamer sans cesse des « dommages et intérêts". Elle nous installe dans la haine et la violence

- l'offenseur : le désir de vengeance devient obsédant et fait rechercher les moyens d'y parvenir. Tout cela tend à nous fait agresser l'auteur de nos blessures et nous amène à le blesser lui-même.

Notre offenseur initial, blessé, entre alors, lui aussi dans un état qui l'amène au choix entre les deux « justices » et le plus souvent au choix de la justice des hommes. Dés lors, la boucle est bouclée : au cercle de la haine se superpose une vie de malheur pour tous, dans l'escalade de la violence au lieu du pardon et du repentir!

Si j'use ainsi de ma liberté pour refuser l'offre d'amour de Dieu sous forme du pardon, alors je vais subir en moi les réactions psychologiques lamentables que sont : Justifications, transpositions, fuite dans l'imaginaire et même délire !

LE CHOIX DE LA JUSTICE DE DIEU

C'est-à-dire du pardon est seul capable de briser le « cercle de la haine » qui nous menace. En réalité, ce choix est celui de la soumission au PLAN DE DIEU qui prévoit, pour nous, l'obtention du BONHEUR par la pratique de l'AMOUR, lequel va nous inciter au PARDON. C'est le seul vrai chemin du bonheur, alors que le refus de l'amour, lui, nous mène au malheur. Le choix de l'amour, personnifié en Jésus qui est "le chemin, la vérité et la vie" nous fait entrer dans la miséricorde. Je transmets alors, à mon agresseur, le pardon de Dieu ! **Mais, pour cela, il me faut une véritable conversion.**

LA CONVERSION DU PARDON

Celui qui choisit d'entrer dans le pardon vit une véritable conversion, c'est-à-dire un changement radical dans le regard qu'il pose sur lui-même, sur Dieu et sur les autres. Ce regard devient d'abord un regard dans LA VERITE au lieu de l'illusion!

A) VERITE SUR MOI-MEME :

"Tu aimeras le Seigneur ton Dieu ...et ton prochain comme toi-même"! De ce commandement fondamental découle la nécessité de m'aimer moi-même, avant même de prétendre aimer mon prochain!

Or, je ne puis dire que je m'aime moi-même si je ne me pardonne pas!....ou, plus exactement peut-être, **si je ne pardonne pas à l'un de ces deux hommes qui sont en moi comme le dit Saint-Paul!** (Rm 7, 14-24).

Et c'est bien vrai qu'il y a en moi deux opposés qui s'affrontent sans cesse : le saint et le mécréant, le fort et le faible, le sérieux et le fantaisiste.

Dans les deux, il y en a un qui est prépondérant, qui veut prendre toute la place, et qui écrase l'autre, sans lui permettre de vivre. Il y a donc en moi :

-un agresseur et un agressé
-un persécuteur et un opprimé

En moi, c'est l'opprimé qui doit pardonner au persécuteur. Je dois pardonner à cet agresseur de m'empêcher de mettre dans ma vie ce qui serait nécessaire pour mon équilibre. Je dois pardonner à cet agresseur de vouloir toujours m'obliger à être ce qu'il a décidé que je sois, sans nuance, donc avec excès, dans un sens ou dans l'autre.

<u>1)- Si c'est le "sérieux" qui a pris ,en moi, la prépondérance</u> et qui agresse le « fantaisiste », alors ma vie devient un véritable bagne :

- **si je suis un homme**, je vais être l'esclave de mon travail. Il n'y aura plus que cela qui compte. Ou bien encore, parce que, en moi, le « sérieux » exige que je sois "honorable", je vais sacrifier tout à l'honorabilité, au détriment même de ce qui est raisonnable. Ainsi, je vais détruire ma vie, soigner la façade en négligeant ce qu'il y a en profondeur de vraiment valable. De plus, je vais rendre la vie impossible à ceux qui m'entourent, exigeant d'eux la même "perfection" que de moi-même, rouspétant contre les moindres erreurs ou maladresses des autres, devenant un "rabat-joie".
- **Si je suis une femme**, je vais m'obliger à tenir ma maison d'une façon impeccable, de même que mes enfants et mon mari : pas un brin de poussière sur les meubles, pas une tache. Le repas sera toujours fait, mais sans fantaisie. Et surtout, que tout le monde soit à l'heure aussi...et n'oubliez pas de marcher sur les patins pour traverser le salon!

<u>2)- Au contraire, si c'est, en moi, le fantaisiste qui est prépondérant</u>, il n'y a plus de place pour le sérieux :

Ainsi, je commence un travail, mais ne suis pas capable de le continuer jusqu'au bout correctement et je prétends que ce n'est jamais"de ma faute"!
Je ne suis pas "fiable", jamais à l'heure", négligeant" et "négligé" dans ma personne, dans tout ce dont j'ai la responsabilité et que je n'assume donc pas vraiment. Si je suis marié, je ne m'occupe pas sérieusement ni de mon conjoint ni de mes enfants.
Incapable de m'engager vraiment, je ne m'attache à aucune activité, à aucune personne...et encore moins à DIEU! Je m'arrange pour tout rater : comme cela on ne me demandera plus rien, et je serai tranquille.

Cette prédominance en moi du sérieux ou du fantaisiste, du saint ou du mécréant, du fort ou du faible, c'est excessif, faux, mensonger!
Dieu ne veut pas, en moi, de ce **déséquilibre dangereux** pour moi et nuisible pour les autres.

Pour rétablir un juste équilibre, **je dois faire la Vérité en moi**, reconnaître qu'une partie de moi-même a voulu tout envahir, et qu'ainsi elle a fait des dégâts. En pardonnant à cette partie de moi-même tout ce qu'il y a eu d'excessif, je lui donne la possibilité de manifester, désormais des exigences normales, raisonnables, utiles pour toute ma personne et pour les autres. Je reconnais aussi, que l'autre partie de moi-même, celle qui a été brimée et qui "pardonne", a eu aussi ses torts, dans la mesure ou elle aurait dû réagir avec plus de vigueur!

Ce pardon est donc, avant tout, rétablissement de la Vérité.
Cela veut dire qu'il me faut comprendre et reconnaître humblement ce qui m'a amené dans cette situation de déséquilibre en moi. Or, la cause réelle, c'est ma complicité envers le mensonge :

-Si j'ai laissé le "fort", le soi-disant "saint", devenir en moi persécuteur, c'est parce que je suis entré dans l'illusion que j'étais "sauveteur"!
-Si j'ai laissé le "faible", le soi-disant "mécréant" devenir en moi persécuteur, c'est parce que je suis entré dans l'illusion que j'étais une pauvre victime....des autres et aussi de Dieu! (cf "Positions de vie" dans chap. 7 Tome 1, p 39 à 41)

La vérité est toute autre : **je ne suis ni sauveteur ni victime**, mais je suis, par Dieu et pour Dieu, une merveille. Mais cette merveille a été blessée par la "méfiance originelle". C'est seulement en réintégrant la confiance en Dieu, en l'infini de sa miséricorde que je pourrai, dans le pardon à moi-même m'ouvrir aux autres pardons que j'ai à offrir!

On voit à quel point le rétablissement de la vérité est un préalable au pardon....d'où l'importance de **l'aveu** concernant mes péchés, mes erreurs et les défauts et penchants mauvais qui sont à leur origine.
C'est cette conversion à celui qui est la Vérité et la Vie qui va m'amener à la **douloureuse joie du repentir,** à la demande sincère de pardon pour moi, avant même de pardonner aux autres!

Je vais retrouver la véritable "liberté" du fils (cf la parabole de l'enfant prodigue en Luc 15, 11-24). Je vais être aussi capable de pardonner à mon tour!

B) VERITE SUR DIEU

Tout part de la Vérité sur le Plan de Dieu nous concernant.
Selon ce Plan, nous sommes destinés à jouir du bonheur même, en plénitude, que vivent les trois Personnes de la Trinité, dans un Amour infini, nous avons, pour cela été créés libres : sans liberté, il ne peut, en effet, y avoir d'amour.

Qui dit liberté dit choix.....d'accueillir l'amour....ou de le rejeter!
Le refus de l'amour, **c'est cela le Mal** (cf chap12 Tome 1 : Le Mal).

En se détournant du chemin du bonheur pour s'en écarter vers le mal, l'homme est écartelé, en proie à **une souffrance fondamentale**, celle d'une non-correspondance entre ce pour quoi il est fait, le Bonheur dans l'amour... et ce qu'il vit dans le concret, du fait de son choix, à savoir, le Malheur dans la souffrance!
Cette situation, il la juge scandaleuse et il laisse éclater sa **colère.**
Un degré de plus et c'est la **révolte** qui est une réaction de haine envers celui ou ceux que l'on juge responsables et coupables.

Ainsi, nous cherchons alors qui est coupable de nos malheurs, c'est à dire de notre souffrance. Dans notre révolte, nous désignons parfois Dieu comme le grand responsable de tout ce qui ne va pas dans le monde qu'Il a créé.

Déjà, après la chute, Adam accusait Dieu : "c'est la femme **que Tu m'as donnée"**....Et Eve, elle, accusait le "serpent"!

Tout cela parce que, en écoutant le tentateur lui suggérer de rejeter, avec Dieu la Source de l'Amour, le premier homme est entré dans **la méfiance**, s'est détourné de son véritable bonheur, a introduit le Mal dans le monde, et **a inoculé la méfiance, comme un germe de mort, dans toute l'humanité qui en est restée blessée et marquée.**
Dans toute notre personne, en effet, nous restons marqués :

- dans notre mémoire, **par l'oubli** des bienfaits de Dieu
  et par une vision de Dieu déformée.
- dans notre imagination, par **l'illusion**.....voir, le délire.
- dans notre affectivité, par les **convoitises**
- dans notre intelligence, par son **éloignement** de l'amour
  et sa prépondérance par rapport à lui.
- dans notre jugement, par un **discernement tordu**
- dans notre volonté, par son **éloignement du bien**.

Le résultat final de tout ce gâchis, c'est une **vision de Dieu complètement déformée** qui s'impose à l'homme, celle d'un Dieu juge, sévère, qui prend plaisir à piéger l'homme pour mieux le punir par toutes sortes de souffrances. Ainsi l'homme s'est-il fabriqué une idole, c'est à dire **un faux dieu,** responsable de tous ses malheurs, tout en mettant en avant son "innocence" à lui. L'homme oublie à quel bonheur Dieu l'invite....en respectant sa liberté.
  Il oublie sa responsabilité dans le mal et va même jusqu'à reprocher à Dieu cette fameuse liberté qu'il réclame pour faire ce qu'il veut, mais déplore lorsque les autres s'en servent "mal" à son égard!
L'homme va même jusqu'à bouder le salut offert par Dieu en la personne du Fils et rêve toujours de réaliser sa plénitude en lui-même, en dehors de Dieu.
Dés lors, il est urgent, pour nous d'entendre et mettre en pratique l'invitation pressante de Saint-Paul : **"laissez-vous réconcilier avec Dieu"**!

C'est cela que parfois on appelle, de façon théologiquement fausse mais psychologiquement vraie, le « pardon à Dieu ». **Et, comme tout pardon, celui-ci va exiger, de ma part, des renoncements et des acceptations :**

      - renoncement, tout d'abord, à cette vision déformée de Dieu née dans la méfiance, et qui m'arrangeait parce qu'elle me confortait dans mon"innocence" Moi?....mais j'ai pas tué, j'ai pas volé. C'est pas moi....c'est les autres, ce sont les circonstances qui sont responsables!

      - acceptation de voir mon péché, de le voir là ou il est vraiment....et pas dans des bêtises sans importance que je vais mettre en avant pour camoufler l'essentiel .Mon péché, c'est le refus d'amour!

      - Je dois donc renoncer à trouver en moi ma plénitude, à la trouver selon mes seuls critères, à savoir que "c'est moi seul qui connais ce qui est bien pour moi!".De cela va découler la nécessité ... **d'accepter que Dieu conduise ma vie, donc d'accepter les épreuves douloureuses qu'il m'envoie.** Ceci parce que j'accepte d'entrer dans **la confiance** vis à vis de ce Dieu qui n'a pas hésité, en Christ, à me donner la plus grande preuve d'amour qui soit : "il n'y a pas de plus grande preuve d'amour que de donner sa vie pour ceux qu'on aime".

      - renoncement, aussi, à détourner les dons reçus de Dieu de l'usage auquel ils sont destinés :
ainsi pour l'intelligence, cadeau de Dieu que je dois mettre au service de l'amour et non de mon orgueil ou de ma malice!

      - acceptation de voir ma liberté comme la possibilité merveilleuse d'agir pour le bien et non pas comme celle de faire n'importe quoi, n'importe comment!

Tout cela procède, en fait, d'un **changement radical de ma vision de Dieu**, avec son corollaire : **passage de la méfiance à la confiance**, et prise de conscience des dégâts que j'ai faits envers l'Amour. C'est un chemin qui, parti d'un mouvement de bonne volonté de "pardonner à Dieu," m'amène au repentir : découverte joyeuse que je suis, en fin de compte, le bénéficiaire, non seulement du Don de Dieu, mais aussi....de son Pardon!.

    C) VERITE SUR LES AUTRES

C'est, là aussi, revenir à la Vérité du Plan de Dieu.

Ce Plan concerne en effet les autres autant que moi, ainsi que me le rappelle la réponse de Jésus au scribe (Mc 12, 30-31):"Tu aimeras…et ton prochain comme toi-même…."

Le Plan de Dieu comporte aussi bien le salut de tous mes frères que le mien et **j'y adhère en pardonnant aux autres, afin que tous parviennent au salut.** Mais la vérité, c'est que, de moi-même je suis incapable de pardonner vraiment à mon prochain comme l'a fait Jésus.

Pour moi, il s'agira donc d'abord de **demander à Dieu de mettre en moi son pardon pour mes "ennemis"** : "Père, pardonne-leur....car ils ne savent ce qu'ils font" (Lc 23, 34). Ainsi, je m'approche de la vérité et mon "pardon" va devenir **un vrai pardon (spirituel) et non plus un faux pardon (uniquement psychique).**

Le faux pardon, seulement psychique, c'est celui qui attend un "bénéfice humain" : par exemple, un pardon donné "pour avoir la paix", être tranquille, retrouver le confort du sommeil, chasser la souffrance de l'angoisse.....

Le pardon véritable, spirituel, lui, **n'attend pour lui-même aucun bénéfice** autre que spirituel. Comme disait Etienne pendant qu'on le lapidait : "Père, ne leur impute pas ce péché"!

Mais le pardon spirituel ne sera, la plupart du temps que l'aboutissement d'une première étape de pardon d'abord psychique voire même d'un simple et timide désir de pardon.

Le pardon psychique constitue, en quelque sorte, la mise en route, le starter. C'est comme dans la parabole de l'enfant prodigue où c'est la faim, mais pas encore l'amour filial, qui va décider le jeune homme à retourner vers son père (Luc 15, 17-18).

Ce qui va me mettre en route vers le pardon, c'est, en fait, ma souffrance. Celle-ci va jouer le rôle d'épreuve, c'est-à-dire de mobilisation pour un "plus"! Cette souffrance, c'est celle de l'écartèlement entre ce que je devrais être (amour) et ce que je suis dans la réalité (rancune, haine).

Cette souffrance, nous la ressentons tous après l'offense subie. J'ai beau chercher à la taire, à la camoufler....elle revient sans cesse. Dés lors, qu'en faire?

1)- **soit je la déclarer absurde** et cherche à l'éliminer en me rendant **invulnérable** par rapport à elle :
- fuite dans des "compensations"
- durcissement de mon"coeur".
- Parfois, au contraire, entrée dans une "dépendance aliénante", avec efforts pour me faire aimer à tout prix, fut-ce en abdiquant totalement ma personnalité, en acceptant d'être le "paillasson" de celui ou de celle dont je quête en vain l'amour et qui ne cesse de me blesser.

2)- **soit j'accepte cette souffrance comme épreuve** dont Dieu désire que je retire un bien, **un progrès dans l'amour**. J'accepte alors la vulnérabilité dont cette souffrance est révélatrice, j'accepte ma faiblesse qu'il ne me reste plus **qu'à offrir**, dans un amour sincère, pour toutes les "victimes" (dont moi) .....mais aussi pour le bien des agresseurs eux-mêmes.

Je rejoins alors, là, l'offrande d'amour du Christ pour le salut du monde. C'est ce qui se passe lors de l'eucharistie quand je "participe" à l'offrande, par le Christ, de sa passion et de sa mort!

**Pardonner aux autres, ce n'est donc pas seulement dire "je pardonne"!
C'est aussi un double mouvement : de renoncement et d'acceptation.**

- Renoncement :
- aux dommages et intérêts que me doit l'offenseur. J'abolis la dette, comme Dieu le fait vis à vis de moi. Pour solde de tout compte!
- Je renonce aussi à exiger à d'autres que mes agresseurs (à mon conjoint par exemple), un remboursement que je n'ai pas pu ou pas voulu demander à ces agresseurs (par exemple à mon père, à ma mère, à mes frères ou sœurs).
- Je renonce à ce genre de subtiles et injustes réclamations.
- Je renonce, par conséquent, aussi, à me promener sans cesse avec une pancarte de" victime" ou à me comporter en révolté, rouspétant sans cesse vis à vis des erreurs ou des dégâts causés par les autres.

- Acceptation :
J'accepte les faiblesses des autres, leur méfiance à mon égard. J'admets de les voir prendre du temps, trop de temps, pour reconnaître ma valeur, mes dons, mes charismes (réels ou supposés). J'accepte les limites de l'amour qu'ils s'efforcent de me donner.....!

ABOUTISSEMENT DU PARDON

QUESTION : Comment savoir si un pardon est vraiment total...des deux côtés?

REPONSE: C'est quand il y a réconciliation.

LA RECONCILIATION

C'est l'aboutissement du pardon, lorsque les deux parties concernées par l'offense font chacune une démarche dont la convergence permet une « complémentarité" :

**- Ce qu'accepte l'un correspond à ce à quoi renonce l'autre
- et réciproquement** !

Ainsi, celui qui a été humilié renonce à demander des dommages et intérêts, à se constituer « victime ». Il accepte son offenseur comme étant aimé de Dieu malgré ce qu'il a fait. Celui qui, en blessant, a acquis une position de domination sur l'autre, accepte de se mettre au même niveau et fraternellement renonce à cet « avantage qu'il a pris sur lui" !
La réconciliation est toujours nécessaire, que ce soit avec soi-même, avec Dieu ou avec les autres. Jésus s'est expliqué clairement là-dessus (Mt 6,9-13) (Lc 11, 2-4) en s'exprimant dans le « Notre Père ».

Si je puis arriver à la réconciliation, qui est le terme normal du pardon, pour autant, mon "adversaire" peut encore la refuser. Ce sera, alors une réconciliation seulement avec moi-même et avec Dieu, source de joie mais aussi de souffrance en voyant mon "prochain" n'être pas encore dans la paix…que je lui offre dans l'amour retrouvé. Il me faut alors entrer dans l'espérance et "prendre en charge" mon ex-ennemi, dans le difficile "amour des ennemis" (cf plus loin)!

LA REALITE EST COMPLEXE

Ce choix si capital du pardon se fait souvent au milieu de réactions contradictoires qui montrent bien que le pardon est un long chemin au cours duquel il y a des avancées et des reculs. Même dans la responsabilité de l'offense, il est difficile, souvent de déterminer qui est le premier responsable. De toutes façons, on a vu, dans le « cercle de la haine », que la victime initiale se changeait vite en agresseur. C'est pourquoi il faut bien préciser ce qu'est la « transparence ».

LA TRANSPARENCE

C'est la **remise en vérité** d'une situation comportant des zones d'ombre, c'est faire les clarifications nécessaires. Si mon frère m'a blessé et qu'il vient me demander pardon, **faire transparence**, c'est accueillir sa demande avec reconnaissance et **commencer par lui demander pardon, moi aussi,** pour les réactions de « justice des hommes » auxquelles j'ai pu me laisser aller par suite de la blessure que j'ai subie.

C'est aussi reconnaître qu'une partie de ma souffrance vient, en fait, de l'hyper sensibilité de ma faiblesse et non de l'agression subie!

LES DEUX ENTREES DE LA MISERICORDE

Après avoir examiné les nombreux préalables au pardon et à son aboutissement, il nous faut en voir **la réalisation concrète**. Jésus nous a précisé que nous avons à demander pardon à Dieu, à notre prochain et à pardonner à ce prochain.
  Nous devons demander pardon et donner le pardon. L'un ne va pas sans l'autre. Nous allons voir ces deux volets du pardon :

     - le pardon à demander
     - le pardon à donner

LE PARDON A DEMANDER (A SOLLICITER)

De quoi avons-nous à demander pardon ? **De tout refus d'amour** : de toute pensée, acte, ou refus d'agir qui proviennent d'un refus d'aimer, c'est-à-dire du péché ! même si cela n'a entraîné aucune blessure apparente ! Il faut donc différencier : infraction, faute, péché
(cf chapitre 4 « le péché » dans le Tome 1).

Les dégâts que nous avons provoqués par actes de refus d'amour volontaires, autrement dit par notre péché, nécessitent, de notre part, une demande d'être pardonnés. Cette demande doit être adressée tout à la fois à ceux qui ont subi les dégâts et à Dieu dont nous avons, ainsi, saboté le Plan de bonheur sur l'humanité (sur nous et les autres).

Nous avons été, en effet, les acteurs de cette destruction, même si c'est à la suite de blessures subies que nous avons ainsi agi volontairement contre l'amour ! **Nous sommes victimes de blessures mais acteurs de notre péché ! C'est la prise de conscience des dégâts faits envers l'amour et celle de l'infini amour de Dieu** pour nous malgré notre péché, qui va nous amener, **dans le repentir**, à demander pardon ! Cela doit s'accompagner d'une volonté de changement pour sortir de la « transgression ». « Laissez-vous réconcilier avec Dieu » nous dit Paul (2 Cor 5, 20). Dieu nous attend patiemment pour nous recouvrir de sa miséricorde, comme le Père dans la parabole de l'enfant prodigue (Lc, 15).

Mais l'accueil, par nous, de ce pardon doit être **actif et non passif, comme on l'a vu plus haut dans la "Conversion du Pardon"**!
Cela nécessite le repentir et exclue le remord (cf Dérives du sentiment de culpabilité).

Cela nécessite aussi, comme on l'a vu plus haut, de **faire la vérité** : sur nous-même, sur DIEU et sur les autres.

Faire la vérité, c'est sortir concrètement de toutes **les confusions** que nous avons entretenues en nous et autour de nous :

- **en appelant « mal » ce qui est « bien » ou « neutre »**….comme le sont nos tentations, nos limites, notre trouble, nos blessures, nos tendances profondes…..
- **en appelant « bien » ce qui est « mal »** : l'indifférence, la méfiance systématique et exagérée, que l'on baptise « prudence », les bonnes excuses de nos refus d'amour et de nos révoltes trouvées dans les blessures de notre enfance et de tout ce que nous avons pu subir. De même pour le camouflage de notre égoïsme derrière l'écran de notre « épanouissement personnel" ! Ou encore, l'accusation systématique des autres pour nous disculper : « et toi, tu ne tes pas regardé ! ».
- **en dérapant dans des dérives du type « perfectionnisme » ou autres**
- **en « justifiant » notre choix pour** des **aberrations** comme l'auto-destruction (sous toutes ses formes), l'auto-punition, les faux « sacrifices » (que Dieu « vomit » !), l'ascèse déviée, l'activisme présentée comme un « zèle pour Dieu », la fausse humilité ! Bref, la panoplie des inventions de « l'ennemi » » pour nous détourner du « bien » en nous donnant une fausse bonne conscience.

LE PARDON A DONNER

Qu'est-ce que ce pardon ? C'est la remise totale, par la victime, de la dette contractée, envers elle, par son agresseur, avec offre de réconciliation.

Il s'agit donc de choisir catégoriquement entre les deux sortes de pardon possibles, que l'on a vues:

- pardon « psychologique »
- pardon « spirituel »

Le pardon psychologique nous est suggéré par l'inconfort de cette vie de malheur dans laquelle nous a plongé l'offense que nous avons subie (cf plus haut le cercle de la haine). Pour en sortir, nous allons nous résoudre à « passer l'éponge » sur cette offense. Mais cette décision n'étant pas dictée par l'amour, le renoncement à la « justice des hommes » ne sera ni sincère ni total.

Certes, une certaine paix pourra en résulter, **sorte d'équilibre précaire** entre moi et l'offenseur. Pour ce « bénéfice » assez illusoire, je veux bien « lâcher du lest », mais sans modifier vraiment ma relation avec mon agresseur. Je puis retrouver une certaine paix, celle des hommes, mais pas cette paix de Dieu que nous promet Jésus…..si nous pardonnons spirituellement !

Le pardon "spirituel" est celui que Dieu nous demande, parfois précédé, certes, d'une tentative de "pardon psychologique" après que nous ayons mesuré l'insuffisance de celui-ci!

QUESTION: Quelles sont les étapes de ce chemin du pardon à donner, si ardu qu'on l'appelle "travail de deuil"?

REPONSE: **La première étape est la révélation de l'offense** : elle marque le passage d'une situation de tranquillité à un état de souffrance qui suscite tout d'abord l'incrédulité. On ne peut admettre qu'il en soit ainsi, on refuse de croire que l'on a été offensé…car cela, déjà, nous dérange. Or, il faut accepter la réalité de l'offense et des dégâts qui en résultent.

La seconde est la dénégation : Oui, j'ai été offensé, mais cela ne me déstabilise pas. On veut me faire du tort, mais je vais me défendre et **on va voir ce qu'on va voir** ! Tout cela ne peut m'atteindre !

Cette dénégation qui cherche à minimiser les dégâts peut aller jusqu'à l'oubli inconscient de l'événement. Ainsi voit-on des personnes violées dans leur enfance ou leur adolescence « scotomiser » complètement ce qui s'est passé….jusqu'à ce que, des années plus tard, le souvenir en réapparaisse à l'occasion d'un autre événement produisant un choc psycho-affectif.

Il est essentiel, pour réaliser le « travail de deuil », de revenir dans le réel, accueillir cette douloureuse réalité de ce qui est arrivé, mais dans la **VERITE**. Le déni des faits peut s'accompagner, en effet, du refus de voir une partie de la vérité, par exemple celle comportant la reconnaissances, vis à vis de l'agresseur, de circonstances atténuantes, ou, vis à vis de moi, d'une part de responsabilité, très gênante à reconnaître, dans ce qui est arrivé : peut-être qu'en réalité, mon agresseur n'a pas le cent pour cent des torts !

La traversée de cette étape de dénégation exige l'accueil de la vérité autant que celle de la réalité ! Ceci est très bien illustré par la parabole des deux fils inconscients de l'amour de leur père (Luc 15).

On y voit le fils cadet faire un pas définitif dans la miséricorde dès qu'il accueille **toute la vérité de l'amour immense de son père pour lui,** cependant que le frère aîné reste bloqué dans le refus de la miséricorde parce que refusant d'accueillir la vérité de cet amour !

La troisième est la colère : C'est un cri de scandale contre ce qui est et ne devrait pas être. Pour de multiples raisons, c'est assez souvent que la personne ne s'autorise pas à extérioriser sa colère et la garde par devers elle en se laissant détruire peu à peu par ce véritable « corps étranger ». Il est important que l'offensé puisse sortir sa colère. Pour autant, cette colère, qui représente une force positive, mobilisatrice, ne doit pas tourner à la révolte qui ajoute à la protestation une accusation d'autant plus grave et injuste qu'elle est, en général, proférée vis à vis de Dieu, rendu responsable du « mal ».

La quatrième est la dépression réactionnelle : constat d'échec, avec perception du décalage entre ce que je suis devenu : quelqu'un foulé aux pieds, dévalorisé à ses propres yeux, sous le pouvoir de son ennemi et ce que je croyais être : quelqu'un de respectable et respecté.

La cinquième est le marchandage : Tombé dans une vie de malheur, je prends conscience du mauvais choix que j'ai fait et je me décide à pardonner, mais en mettant mes conditions : l'autre doit faire le premier pas, il doit quand même reconnaître ceci et cela ….etc. Pour autant, il serait anormal de céder à un chantage de « l'agresseur » tendant à nier les dégâts objectifs.

La sixième est la dépression d'anticipation : L'ampleur de la tâche à accomplir pour me réconcilier avec l'autre est au-dessus de mes forces **et je suis découragé** à la pensée de tout ce qui peut arriver à la suite de mon pardon : et si l'autre allait en profiter pour m'écraser définitivement ? Et si d'autres, en voyant que je suis une bonne « poire » voulaient m'attaquer à leur tour ? Il faut avouer que les récidives multiples de mon agresseur peuvent faire considérer mon pardon comme un encouragement à récidiver.
Ce serait peut-être le cas si je négligeais la « réparation », c'est à dire la recherche ardue de ce qui peut empêcher mon agresseur de récidiver, en particulier en analysant en profondeur les causes de l'agression. Ce peut être l'objet d'un accompagnement psycho-spirituel.

La septième est la résignation : Puisqu'il le faut, j'accepte de passer par là, par ce pardon si douloureux. Mais c'est bien malgré moi !

La huitième est l'entrée franche dans l'offrande de la miséricorde

C'est l'acceptation du Plan de Dieu sur moi et sur les autres. Au lieu de situer mon bonheur dans « la justice des hommes », je fais enfin confiance à Dieu pour la détermination de ce qui est bon ou mauvais pour moi. **J'opte pour l'amour** comme chemin du bonheur que je cherche et j'adhère enfin au Plan de Dieu dont le désir est que tous les hommes soient sauvés. C'est pour cela que le Père a envoyé son Fils dans le monde (Jn 3, 16-17). En pardonnant, je contribue au salut de mon « ennemi », j'ai sur lui le même regard que celui que Dieu lui porte, je participe à la réalisation du Plan de Dieu. Cela nécessite de ma part une **véritable conversion** !

Tout cela ne s'est pas fait, pour moi, sans **une grande souffrance**. Si j'ai compris de quel amour a procédé le sacrifice libre de Jésus, alors, je réponds à la proposition qu'Il me fait de participer à son sacrifice de salut en pardonnant.
C'est là l'ultime étape du pardon : **l'offrande** de « participation », que nous devons normalement faire **au cours de chaque eucharistie.**

A ce stade du pardon on retrouve donc :

- **le don**, représenté par tous ces efforts douloureux effectués par celui qui pardonne, afin que l'autre puisse revenir dans le Plan de Dieu et trouver le bonheur
- **l'accueil**, c'est à dire l'acceptation, dans le Plan de Dieu, de voir mon propre bonheur lié à celui de cet autre à qui je pardonne ! C'est la dépendance d'amour !

Or, don et accueil sont bien les deux composantes de l'amour.

ATTITUDES FAVORISANT LE DON DU PARDON

Modération de nos exigences par rapport à l'autre : Plus encore que notre propre changement, nous attendons celui de l'autre. Si nous savons être patient, ne pas bousculer l'autre, modérer nos exigences immédiates, la relation ne peut qu'en être facilitée. Je ne dois pas exiger des autres en général, ce qui serait contraire à leur idéal de vie, choisi dans leur liberté, conformément à leur conscience éclairée.

Je ne dois pas, non plus, par exemple, fixer à mon couple un idéal trop absolu et immédiat. Cela nous rendrait esclave d'un idéal de couple inatteignable et montrerait que je préfère peut-être cet idéal à mon conjoint ! Mieux vaut se satisfaire d'une progressivité raisonnable.

Etre juste dans l'appréciation objective de l'autre : ne pas juger hâtivement de ce qu'il est en profondeur d'après ce qu'il a fait. « Cessez de juger selon les apparences ! » (Jn 7, 24), « ne jugez pas et vous ne serez pas jugés » (Lc 6, 37). En aucun cas nous ne devons lui coller l'étiquette « d'ennemi de Dieu » !

Nous n'avons pas à évaluer le mal qui peut se trouver en l'autre. Le pardon est fruit de l'arbre de vie et non de celui de la connaissance du bien et du mal : il y a une certaine lucidité, fruit de l'intelligence froide qui va contre l'amour. **Nous ne devons pas réduire l'autre à son acte**, ni être pour l'autre une « occasion de chute » par des attitudes, des paroles provocatrices.

Ne pas confondre le pardon avec l'approbation de ce qui est mal : ainsi, nous affermissons notre liberté d'enfants de Dieu…..délivrés du mal. Pas question, non plus de se « soumettre au mal »…mais obligation de le combattre, comme l'a fait Jésus. Cela pose le problème de l'application concrète de la parole de Jésus « si on t'a frappé sur la joue droite, tends la gauche ! ».
Ce n'est pas un précepte masochiste, **mais une image très parlante qui m'invite à changer le niveau de la relation avec mon adversaire.** Au lieu de me laisser aborder par lui sur un terrain où l'affrontement sera certain et les dégâts automatiques (la joue droite déjà traumatisée), ce qui est mauvais pour l'un et pour l'autre, je m'efforcerai de **continuer la relation autrement (la joue gauche, encore intacte), là où elle est moins risquée !**

ATTITUDES CONTRAIRES AU DON DU PARDON

1)- Le mépris de l'autre, mais aussi le mépris de soi-même.

2)- La polarisation sur une exigence de « justice des hommes » : « Il faut que mon agresseur reconnaisse tout le tort qu'il m'a fait ». Sinon je me sens impuissant, comme submergé par le mal qui m'a été fait et je choisis la **vengeance comme solution** pour en sortir, pour me libérer de cette emprise…..ce qui est illusoire !
   Il y a mille façons de préparer une **vengeance,** parfois très subtiles :
   - « réussir » pour enfoncer les autres
   - échouer pour les décevoir
   - culpabiliser l'autre, le réduire à néant.

Le pardon est incompatible avec ces attitudes. Mais ce qui rend si difficile le pardon, c'est le regard faussé que nous portons sur les autres, totalement différent de celui que Dieu porte sur eux. Au lieu de les considérer comme des frères puisque enfants d'un même Père, nous arrivons à les considérer comme des « ennemis ».La conversion que Dieu nous demande pour pardonner passe donc par une nouvelle vision de ces « ennemis ».

L'AMOUR DES « ENNEMIS »

Ce n'est pas facultatif, c'est une « obligation » (Mt 4, 44).
Par « obligation », on entend non pas quelque chose qui pourrait nous être imposé, puisque nous sommes libres et que jamais personne ne s'est vu obligé à aimer quelqu'un, mais plutôt la condition nécessaire pour entrer dans la miséricorde et la paix.

Qui est l'ennemi ? Ce peut être un étranger, un plus proche, voir une partie de moi-même, qui nous fait du mal !

En aucun cas ce n'est celui qui nous fait un « bien » que nous refusons et dont nous devrions lui être, pourtant, reconnaissant.
Aimer, ce n'est pas laisser faire et encore moins encourager ce qui est mal. C'est, au contraire, mettre les limites pour éviter le mal.

Aimer comporte le double mouvement de **faire tout ce que l'on peut pour le véritable bonheur de l'autre** à travers les « lois de vie » et **d'accepter une dépendance d'amour** vis-à-vis de lui.

Il résulte de cela que je veux retirer mon bonheur, entre autres, de ce qui advient de bon à l'autre. Or, ce qui peut lui arriver de meilleur, c'est sa conversion à l'amour : c'est donc ce que je souhaite et ce que mon attitude se doit de favoriser le plus possible ! C'est aussi ce pour quoi je prie, sans oublier de prier pour ma propre conversion en ce domaine ! En fait, cela m'amène à **être artisan du plan de Dieu sur mon « ennemi » et sur moi-même**, à travers le changement bénéfique de l'un et de l'autre. C'est finalement cela même que Jésus nous demande en insistant pour que nous bénissions nos « ennemis »

Aimer mon ennemi ne nécessite pas de me lier « d'amitié » avec lui, mais déjà de le respecter!

L'APRES- PARDON

QUESTION: *Quand le pardon est allé à son terme et qu'il y a eu "réconciliation", toute cette affaire est-elle vraiment terminée?*

REPONSE: Non! Il faut encore :

LA REPARATION

Nous l'oublions trop souvent et cet oubli est la cause fréquente de nos rechutes répétées, dans des "péchés habituels", malgré l'intervention du pardon!

. Il ne faut pas confondre la réparation avec, le dédommagement des torts matériels ou du préjudice moral causés, ni même avec la "pénitence" infligée lors du sacrement de réconciliation. Toutes ces mesures sont comme le clignotant de la voiture que l'on actionne avant de démarrer : cela ne suffit pas pour aller de l'avant!....il faut aussi regarder devant, derrière, sur le côté et ensuite mettre en marche. **C'est ce que l'on va faire dans la réparation.**

UN EXEMPLE DE REPARATION

Cet exemple est tiré d'un accompagnement dont les données ont été modifiées de telle sorte qu'on ne puisse reconnaître les protagonistes:

René a passé la quarantaine, ainsi que Martine, sa femme qu'il a épousée il y a dix ans. "Mariage d'amour" d'après ce que dit Martine quand elle vient, désespérée.
Le problème? Alors que René est rempli de bonnes intentions, d'attentions charmantes pour sa femme, il la trompe régulièrement et cela depuis qu'il la connaît, avant même leur mariage. A chaque découverte de ces écarts répétés, René supplie Martine de lui pardonner et promet de s'amender. Mais la récidive survient toujours, après l'accord du pardon. Cette fois, Martine déclare qu'elle ne peut plus pardonner, que c'est fini et qu'elle ne peut plus tolérer la présence de René auprès d'elle!

Il s'agit du problème d'un adultère répétitif. Je demande alors à Martine si, après le pardon, jusque là, il y a eu réparation? Elle ne comprend visiblement pas: le pardon était déjà, à chaque fois si douloureux et si difficile....fallait-il donc, encore faire quelque chose de plus?

J'emploie alors la comparaison suivante:

Un couple vit dans une case solide, aux fermetures efficaces en cas de mauvais temps. Ils se croyaient bien à l'abri et voila que survient un cyclone! Ô surprise, l'eau pénètre en force et le salon est inondé, les dégâts énormes! (C'est l'image de l'adultère auquel on ne s'attendait pas). Que faire?
On évacue le mobilier du salon dehors dés que le soleil revient, pour le faire sécher, on éponge, on essuie....et, finalement, on réintègre le mobilier : tout est en place, "comme avant"! (C'est l'image du genre de pardon intervenu jusqu'ici entre Martine et René!).
Est-ce là tout ce qu'il faut faire? Bien sûr que non! Il faut aller voir, au niveau du toit, la fuite à l'origine des dégâts, puis la **réparer**. C'est au couple à prendre les moyens de le faire et de l'exécuter, ensemble.

Dans le cas de l'adultère répétitif, il faudra détecter ce qui a induit le mari (ou la femme) à retomber sans cesse, chercher ce qui a pu lui faire occulter la signification de son comportement....et ce qui, chez l'autre a pu l'inciter à persévérer dans l'erreur. Martine comprend et René se prête volontiers à l'anamnèse nécessaire le concernant,

afin de trouver un remède à ce dont il souffre lui-même!
On retrouve alors, chez le père de cet homme, un adultère répétitif, connu de tous et "accepté" par la mère, son épouse, comme quelque chose d'inévitable, **sinon même de normal**, car, explique-t-elle à qui veut l'entendre et entre autres à ses enfants,"toute femme doit accepter sans se plaindre". C'est ce qu'a "intégré", sans même s'en rendre compte René, seul garçon au milieu de quatre filles et promu, de ce fait, "petit coq" de la fratrie et ainsi "conditionné" pour avoir le comportement **convenant à un homme**. Après cet éclaircissement, le **travail de réparation** pouvait alors être entrepris par un accompagnement psycho-spirituel adéquat!

Comme dans la réconciliation, il faut donc **d'abord faire la lumière, rétablir la vérité....pour adhérer au véritable projet de Dieu sur chacun de nous.**
Dans le concret de notre vie de chaque jour, réparer va aussi consister à faire la lumière sur nos **attitudes habituelles** et en rechercher les causes :
Par exemple, pourquoi suis-je agressif dans ma façon de parler,...de crier (après les enfants, le conjoint....) ? Pourquoi ma difficulté d'expression?ma médisance? ma jalousie?
La réparation est une œuvre de longue haleine!

CHAPITRE 8

ENVIE ET JALOUSIE

S'il est bien un obstacle dans nos relations avec les autres, c'est celui de l'envie et de la jalousie! D'une certaine façon,"la convoitise" est à l'origine de l'une et de l'autre, avec

un désir immodéré de possession. Il y a donc, dans cela, un aspect excessif, comme dans la passion, avec déjà une **certaine perte de liberté** par rapport à l'emprise, sur nous, du désir sous-jacent. Car, **à l'origine de la convoitise, il y a un désir**, c'est-à-dire toute une démarche de notre être, tendu vers la satisfaction d'un besoin qui est un besoin dévié à **partir de cette erreur fondamentale qu'est le sentiment de" culpabilité/ indignité"** (cf Tome 1 chapitres 6 et 7).

L' ENVIE

En schématisant, on peut dire que **l'envie c'est le désir d'avoir ou d'être ce que l'autre est ou qu'il a et que je ne suis pas ou n'ai pas.** Autrement dit, vouloir **se mettre à la place de l'autre.**

LA JALOUSIE

Dans la jalousie, on est malheureux du bonheur de l'autre, de ce qui lui arrive de bon, même si l'on a déjà cela soi-même. En allant encore plus loin dans ce désir dévié de la convoitise, la jalousie peut vouloir posséder l'autre, en être le maître jusqu'à avoir la disposition de son bonheur et de son malheur, à volonté : c'est le cas des maris ou femmes jaloux de leur conjoint dont ils ont fait **leur propriété exclusive.**

A travers l'envie et la jalousie, **la convoitise nous concerne tous** et pas seulement comme victimes ! Dans les fratries, n'est-il pas habituel de convoiter et comparer les marques d'affection dont bénéficient les uns et les autres, ainsi que les avantages matériels et affectifs divers !
Dieu nous a mis en garde contre la convoitise en donnant à Moïse la loi de vie : (Ex 20, 17).

EXEMPLES DANS LES EVANGILES

L'envie et la jalousie apparaissent de façon caricaturale dans la narration, en Luc (4, 21-30) et en Marc (6, 1-6), du passage de Jésus dans son village de Nazareth au début de sa vie publique, parmi ses concitoyens.

D'abord, étonnement admiratif pour ce que Jésus est capable de dire et faire, car on voudrait bien être à sa place : c'est l'envie ! Puis jalousie, suscitée par la comparaison : « il n'est pas plus que nous, donc il ne doit pas avoir plus ! »

Enfin, quand Jésus leur affirme que Dieu aime les païens autant que les juifs, cette grâce de Dieu, ce cadeau fait à des étrangers les rend malheureux et leur paraît une atteinte injuste à leur privilège de peuple choisi : la jalousie est à son comble !

QUELQUES EXEMPLES tirés d'expériences vécues :

Madame X s'exprime haut et fort en famille et en public, en présence de son mari qui est « invité » à se taire. Elle déclare à qui veut l'entendre que le pauvre ne sait pas s'exprimer et qu'elle est bien obligée de combler cette défaillance. Elle a donc, **sans état d'âme, volé à son mari sa place de « berger du couple »** et ne 'aperçoit pas du danger de cette situation !

Dans un autre couple, au contraire, c'est l'homme qui décide de tout, tranche tout et ne tient aucun compte de ce que sa femme lui dit de très sensé de la part du Seigneur en tant que « prophète » du couple . Il se croit seul investi de l'Esprit-Saint **et a volé la place de prophète de sa femme dans le couple.**

Ailleurs, une très sérieuse mère de famille et bonne épouse doit faire face au problème de santé de son dernier enfant, atteint d'une maladie bien étiquetée, préoccupante sans être vraiment grave. Les médecins concernés ont expliqué dans le détail ce qu'il convenait de faire et que cette mère observe méticuleusement. Elle en rajoute même beaucoup, dans un climat d'inquiétude et d'angoisse qu'elle développe autour de l'enfant qui finit par être complètement perturbé ! En effet, elle a décidé que **c'est elle qui sauverait cet enfant**....contre vents et marées. Elle n'admet pas que quiconque la contrarie là-dedans, que d'autres qu'elle s'occupent de l'enfant, même son mari ! C'est d'elle que tout dépend ! En fait, **elle a pris non seulement la place de son mari, mais la place….de Dieu.** Et c'est la catastrophe !

ENVIE ET PERTE DE LA CONFIANCE EN DIEU

Dans l'envie, le désir de prendre la place de l'autre vient d'un manque de confiance dans le Plan que Dieu a sur moi ! **J'estime que Dieu ne me donne pas la place qui pourrait faire mon bonheur !**

Faire confiance à Dieu, à son amour pour nous, devrait nous faire adhérer au Plan qu'il nous propose pour notre propre bonheur. Dans ce Plan, j'ai une place, unique comme je le suis moi-même, une place que Dieu a calculée pour moi comme étant la mieux adaptée aux capacités qu'il me donne en connaissance de cause !

Ce désaccord avec le Plan de Dieu pour chacun de nous, on le retrouve dés la Genèse :
Dieu a révélé son Plan à Adam et Eve au paradis terrestre : croître en amour et personnalité, grâce au fruit de l'arbre de vie, afin de pouvoir, un jour, partager le bonheur même de Dieu dans la communion trinitaire. Entrer dans le Plan de Dieu, **c'est reconnaître que la place que Dieu donne à chacun de nous est assortie des capacités suffisantes**, de tout ce qu'il faut, pour progresser. C'est reconnaître que Dieu a seul le pouvoir de dire ce qui est le Bien et ce qui est le Mal, c'est renoncer à manger, prématurément, « du fruit de l'arbre de la connaissance du Bien et du Mal ». C'est donc FAIRE CONFIANCE A DIEU !

Au lieu de cela, Adam et Eve sont entrés dans la méfiance à l'égard de Dieu (Gn 3, 1-10) :

- méfiance par rapport à ce que leur a dit Dieu
- et, au contraire, confiance en la parole de Satan « vous serez comme des dieux » (à la place de Dieu !)

Dans l'envie, il y a toujours un problème de méfiance par rapport à Dieu :
- 1) par rapport aux intentions de Dieu sur nous : veut-il vraiment notre bonheur ?
- 2) par rapport à la justice de Dieu : elle me lèse, ce n'est pas juste !

-1) Par rapport aux intentions de Dieu sur nous, il faut que les choses soient claires :
- Croyons-nous fermement que la place que Dieu a prévue pour chacun de nous et qu'il nous offre, est la meilleure pour nous et correspond pleinement à notre personnalité, ou bien sommes-nous sans cesse à convoiter la place des autres ?
- Croyons-nous que Dieu nous a dotés de toutes les capacités nécessaires, dans la place où nous sommes, ou suspectons-nous Dieu de nous avoir donné une tâche à accomplir sans nous avoir fourni les moyens pour cela ?

Autrement dit, faisons-nous confiance à Dieu pour son Plan sur nous ?
L'Ecriture nous affirme pourtant que le bonheur de tous les hommes est inscrit dans le Plan de Dieu : Dieu veut que « pas un seul ne se perde ! »
Chacun est donc appelé au soin de son propre bonheur dont il a une part de responsabilité. Cette préoccupation du bonheur, du salut de chacun, est celle du Christ :
Jésus affirme avec force que Dieu a envoyé son Fils dans le monde « pour que le monde soit sauvé par lui » (Jn 3, 17) et : « ne vous inquiétez pas.....votre Père céleste sait que vous avez besoin de toutes ces choses.... » (Mt 6, 31-32).

La « parabole des talents » nous montre bien comment nous devons faire confiance à Dieu pour obtenir de lui les moyens d'accomplir ce qui est bon (Mt 25, 14-30) (Lc 19,12-27) : il est bien précisé que le Maître confie à **chacun « selon ses capacités »** Il n'exige pas plus que ce que l'on peut faire avec les moyens dont chacun est doté ! Et là encore, la confiance va être récompensée. Par contre, nous voyons la méfiance entraîner une revendication envieuse : « puisque me sont donnés des moyens moins importants qu'aux autres, que j'envie, alors, je ne ferai rien… et c'est bien fait pour le Maître ! »

-2) Par rapport à la « justice de Dieu »: reconnaissons-nous qu'elle est juste? lui faisons-nous confiance ?

Le manque de confiance dans la « justice de Jésus » apparaît clairement **dans l'histoire de Marthe et Marie** :
Marthe vient se plaindre à Jésus que ce n'est pas juste qu'il laisse bénéficier Marie de son enseignement alors qu'elle, est aux soins du ménage (Lc 10, 38-42) : « Cela ne te fait rien… ? ». Marthe voudrait être à la place de Marie et elle s'insurge contre « l'injustice de Jésus » qui favorise Marie. Puisqu'il faut préparer le repas elle admet de manquer l'enseignement de Jésus. C'est d'accord ! mais Marie aussi doit le manquer…pour que l'on soit à égalité toutes les deux ! C'est cela qui est juste, pense-t-elle. Jésus va la détromper en lui montrant que c'est elle qui a quelque chose à changer dans sa compréhension de la justice.

C'est la même accusation d'injustice à l'égard de Jésus, de la part de Juda, lorsqu'il déclare qu'il n'est pas juste de gaspiller l'argent dépensé par Marie-madeleine pour parfumer Jésus (Jn 12, 4-5).

Cette attitude était sans doute guidée par l'envie d'un homme qui aurait voulu être à la place de Jésus et bénéficier de l'amour qui lui était témoigné. Envie et déception qui le poussaient à chercher des « compensations »… dans l'argent par exemple.
Un mélange de méfiance et de sentiment d'injustice entraîne l'envie lorsque l'autre, celui à la place duquel on voudrait être, nous prive, sans le vouloir, de quelque chose dont on profite en toute innocence!

C'était le cas pour Saül lorsque David, victorieux, entraînait l'admiration des femmes d'Israël, jusque là admiratrices de Saül (1 Sam 18, 7). C'est souvent le cas, dans les fratries, lors de naissance d'un « nouveau » petit frère ou sœur.
C'est toujours la méfiance et le sentiment d'injustice qui vont entraîner l'envie chez **les frères de Joseph.**

Ils lui en veulent à cause des marques d'affection, pour lui, de leur père, comme la fameuse tunique : pour eux, c'est injuste !
Ils ne se rendent pas compte de ce que leur père les aime tous, mais trouve en Joseph, fils de sa vieillesse, un motif spécial d'attendrissement….sur lui-même qui s'achemine vers la mort, une sorte de consolation ! Ils n'ont pas fait confiance ! (Gn 37, 3-4).

Même problème pour **Caïn** qui pense que Yaweh aime Abel et pas lui (Gn 4, 3-8). Mais ce peut être simplement en raison de ce que l'autre a et que l'on n'a pas que survient l'envie. Ainsi, **Aaron et Myriam voudraient prendre la place de Moïse** (Nb 12, 1-8) Pour chacun de nous, ce fameux sentiment de culpabilité/ indignité, nous pousse fortement à l'envie !

JALOUSIE ET REJET DU PLAN DE DIEU

Dans la jalousie, on est malheureux de ce qui arrive de bon aux autres. C'est fréquent, de même que se réjouir de ce qui peut faire souffrir et qu'on pense que les autres ont « mérité ».

Comme on l'a vu, cela va tout à fait **contre le Plan de Dieu** qui veut que « tous les hommes soient sauvés » (Jn 3, 16-17) et que « pas un ne se perde ». Jésus nous précise de ne pas nous faire de souci (Mt 6, 25-34) : **Le Père s'occupe de tous les hommes et prend soin de tous !**

L'Ecriture nous relate de nombreux exemples de jalousie.

C'est le cas, par exemple, de la parabole des ouvriers embauchés pour la vigne :
La méfiance et l'accusation d'injustice entraînent la jalousie des « embauchés de la première heure » dans cette parabole (Mt 20, 1-16).
Ceux qui ont fait confiance quand il leur a dit « je vous donnerai ce qui est juste » verront, au contraire, leur confiance récompensée.

Les premiers embauchés, qui ont discuté âprement pour leur salaire recevront « ce qui est juste » selon la « justice de Dieu » alors que, restant dans la « justice des hommes », ils envient le cadeau que le Maître fait aux autres.

Ce qui est récompensé là, c'est la confiance accordée au Maître par ceux qui s'en remettent à lui pour déterminer « ce qui est juste » et qui font ainsi preuve d'un véritable amour pour lui ! Ce ne sont pas leurs « mérites » qui vont leur valoir les faveurs du Maître : ils n'en n'ont pratiquement pas et le savent. Mais **ils ont accepté une totale dépendance à ce Maître, dans la confiance : voilà ce qui plait à Dieu.** Cela nous rappelle la phrase de Sainte Thérèse : « je me présenterai à Dieu les mains vides » !

Les « bons ouvriers » embauchés dès le matin sont dans la jalousie, malheureux du bonheur des autres, blâmant « l'injustice de Dieu » qui, pourtant, a respecté scrupuleusement le contrat.

Le rejet, par nous, dans la jalousie, du Plan de bonheur de Dieu pour tous les hommes nous classe dans **plusieurs catégories de gravité progressive** :

-1) Celle de l'indifférent, qui ne souhaite ni bonheur ni malheur pour les autres, mais qui s'éloigne du Plan de Dieu : refus d'amour, donc impossibilité de rejoindre la plénitude du Bonheur.
C'est le cas du riche insensé (Lc 12, 16-21), du riche ignorant Lazare à sa porte (Lc 16,19-31).
-2) Celle du refus de sacrifier nos intérêts, de renoncer à nos biens, à nos privilèges (Lc 14, 33). Attitude des disciples, jaloux des miracles accomplis par des personnes ne faisant pas partie de leur groupe ! (Mc 9, 38-39).
Dans ce cas :
- on aime seulement ceux qui nous aiment
- on refuse catégoriquement de souffrir à cause des autres et pour les autres et **donc de participer à l'œuvre de salut du Christ.**
-3) Celle de la révolte contre l'amour et choix de trouver plaisir et jouissance dans la souffrance des autres que l'on cherche alors à provoquer. C'est une perversion, qui nous fait tourner le dos au Plan de Dieu, telle que l'accusation, par Juda, envers Jésus, de ne pas aimer les pauvres et de leur préférer le parfum dépensé par Marie-Madeleine (Jn 12, 4-5).

CONSEQUENCES DE L'ENVIE ET DE LA JALOUSIE

Pour l'envie, il en résulte :

1)- Un soupçon permanent, un esprit de rivalité avec agressivité en vue de "prendre la place de l'autre". En fin de compte surviennent des blessures et une détérioration des relations.
2)- une perte de sa véritable identité. On risque de ne plus être soi-même, en voulant changer sa place pour celle des autres. On ne correspond plus à ce pour quoi on est créé : on s'est mis en dehors du Plan de Dieu sur soi. Et ne correspondant plus à ce pour quoi on est fait, on risque…de déprimer!

Pour la jalousie, comme il y a un rejet formel du Plan de Dieu, on ne peut plus être dans l'amour….alors que, souvent, on prétend aimer celui ou celle qui est l'objet de notre jalousie.

On peut aller jusqu'à la perversion qui tourne résolument le dos à l'amour et cultive la haine !

COMMENT REMONTER DES ENFERS DE L'ENVIE ET DE LA JALOUSIE

Il faut :

1)-**entrer dans la miséricorde de Dieu par le repentir**, véritable joie de découvrir à quel point Dieu m'aime, accompagnée de la souffrance ressentie du fait des dégâts envers l'amour dont je me suis rendu coupable : en particulier le rejet du Plan d'amour de Dieu sur moi !

2)- **passer de la méfiance à la confiance en Dieu**, en son Plan de bonheur sur chacun de nous, dans lequel il a prévu **tout ce qui était nécessaire pour chacun, à la place qu'il lui a attribuée.**

3)-**reprendre ma véritable place** : celle du « bon larron » à côté de Jésus, place du pécheur pardonné et aimé, restitué dans sa dignité d'homme- Celle du « fils prodigue » découvrant l'amour miséricordieux du père- celle du frère aîné qui doit découvrir qu'il est aimé de son père pour lui-même et non pour ses « mérites » et doit renoncer à son « obéissance aliénante ».

4)- **accepter de participer à la pleine réalisation du Plan d'amour et de bonheur de Dieu sur toute l'humanité.** Autrement dit, suivre dans la joie le premier commandement de Dieu…et le second qui lui est semblable !

C'est ainsi que nous voyons Marthe remonter dans la pleine acceptation du Plan de Dieu sur elle et sur Marie lors de la venue de Jésus après la mort de Lazare : plus question de convoitise, mais confiance en Dieu et amour (Jn 11, 20-27).

C'est aussi, par conséquent, **vivre pleinement, dans l'eucharistie, notre participation à l'offrande que Jésus y fait de Lui-même, pour le salut du monde**, en offrant au Père ce que nous sommes, en totale soumission à son Plan d'amour pour tous les hommes !

Certaines parties du texte sont tirées de la traduction œcuménique des auteurs de la Bible (TOB, éditions du Cerf, Paris 1988), à l'exclusion de toute note ou référence indiquées en marge du texte biblique

I want morebooks!

Buy your books fast and straightforward online - at one of the world's fastest growing online book stores! Environmentally sound due to Print-on-Demand technologies.

Buy your books online at
www.get-morebooks.com

Achetez vos livres en ligne, vite et bien, sur l'une des librairies en ligne les plus performantes au monde!
En protégeant nos ressources et notre environnement grâce à l'impression à la demande.

La librairie en ligne pour acheter plus vite
www.morebooks.fr

OmniScriptum Marketing DEU GmbH
Heinrich-Böcking-Str. 6-8
D - 66121 Saarbrücken
Telefax: +49 681 93 81 567-9

info@omniscriptum.com
www.omniscriptum.com

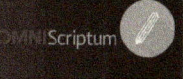

www.ingramcontent.com/pod-product-compliance
Lightning Source LLC
Chambersburg PA
CBHW020809160426
43192CB00006B/499